WILD CITY TRIPS

INHALT

Die Camping-Spots in den Städten sind durchnummeriert.
Du findest die Ziffern der Spots auf der Karte und im Text und kannst die Parkplätze so lokalisieren.

84

VORWORT

Industrieromantik pur beim Dinner mit Blick auf den beleuchteten Hamburger Hafen? Vom Bett aufs Brett für eine Runde Landboarding auf dem ehemaligen Flugplatz Tempelhofer Feld? Oder aus der offenen Bullitür heraus Schiffe zählen an der meistbefahrenen Wasserstraße der Welt? Das ist es, was einen **WILD CITY TRIP** ausmacht.

Es ist ein Städtetrip der besonderen Art. Mit ein bisschen urbanem Abenteuer, neuen Blickwinkeln auf bekannte Städte und einer einfach unwahrscheinlich praktischen Ausgangsbasis. Denn euer Stellplatz befindet sich mittendrin im Straßendschungel. Front Row sozusagen. Und das kann hilfreich sein bei der Erkundungstour. Schließlich können Sightseeing, Shopping oder das nächtliche Kneipenhopping ganz schön anstrengend sein. Mit dem eigenen Bett im Bulli oder Wohnmobil gleich um's Eck steht einem erholsamen Schläfchen oder einer stärkenden Mahlzeit zwischendrin nichts mehr im Weg.

Von Kiel über Weimar bis Freiburg – wir haben sie für euch, die versteckten, die ungewöhnlichen und die aufregenden Plätze zum Freistehen in der Stadt. Ja sogar urbane Spots in Schweden, Norwegen, Belgien und Schottland, die zum Teil eine etwas entspanntere Haltung zum Freistehen mit dem Camper haben, findet ihr hier.
Und das alles garniert mit tollen Tourideen, Insiderwissen und jeder Menge hilfreicher Tipps. An diesen Spots könnt ihr euer Nachtlager aufschlagen, hier dürft ihr euch frei fühlen und euren ganz persönlichen Wild City Trip beginnen.
Los geht's!

Bild links: Mobile Freiheit mit einem Bulli

GOLDENE REGELN DES FREISTEHENS

Mit Camper und Van unterwegs zu sein und da verweilen, wo es einem gefällt, ist für viele der Inbegriff des idealen Urlaubs. Absolute Freiheit. Einfach treiben lassen, keine Pläne schmieden oder Stellplätze buchen. Die Hoffnung auf ein romantisches Abenteuer und die absolute Ruhe ist bei Van-Reisenden groß. Doch die Realität sieht meist etwas anders aus. Denn die Gesetzgebung in Sachen Freistehen wird immer strenger. Verbotsschilder tauchen an prädestinierten Freistehplätzen auf und Ordnungsamt sowie Polizei greifen immer konsequenter durch. Deshalb solltet ihr einiges beachten und im Hinterkopf haben, wenn ihr mit eurem Bulli oder Camper freistehen wollt.

Bad news first: In Deutschland ist das wilde Campen offiziell verboten. In Naturschutzgebieten sowieso und erst recht auf Privatgrund – letzteres gilt

auch für Privatwälder – hier ist Übernachten nur mit Zustimmung des Eigentümers gestattet. Auf ausgewiesenen Parkplätzen – speziell auch auf Wanderparkplätzen und Parkplätzen in Naherholungsgebieten – darf man zwar über Nacht »parken«, wenn es nicht explizit verboten ist. »Übernachten« jedoch nicht.

Aber es gibt da diese eine Ausnahme, die es am Ende doch möglich macht: das Ruhen zur »Wiederherstellung der Fahrtüchtigkeit«. Wer zu müde ist, um weiterzufahren, darf stehenbleiben und sich ausruhen. Etwa zehn Stunden lang. Damit hätten wir dann doch unsere Freisteherlaubnis. Auch wenn es sich hier um eine Grauzone handelt.

Es gibt da allerdings noch einen wichtigen Zusatz. Denn einmaliges Übernachten bedeutet nicht Camping im klassischen Sinne. Durch die eben erwähnte Ausnahmeregelung ist es zwar möglich, auf öffentlichen Plätzen eine Nacht in seinem Fahrzeug zu verbringen. Allerdings solltet ihr dabei auf campingähnliches Verhalten verzichten: Weder Stühle noch Grills aufbauen oder gar die Markise ausfahren.

Generell gilt: Verhaltet euch möglichst unauffällig und ruhig. Lasst die Trittstufe eingefahren, hängt keine Wäsche raus und räumt alles grundsätzlich ins Fahrzeuginnere. Parkt euer Gefährt so, dass ihr niemanden behindert, nichts kaputt macht (auch nicht die Natur) und vor allem nichts und niemanden gefährdet. Haltet den Platz, auf dem ihr steht, sauber, nehmt gegebenenfalls auch den Müll eurer Vorgänger mit und entsorgt alles korrekt. Die Ver- und Entsorgung sollte auch nur an den dafür vorgesehenen Stationen stattfinden. Gullis oder Straßengräben sind absolut tabu! Und auch Taschentücher gehören nicht in die Natur.

Geduldet werdet ihr am Ende nämlich nur, wenn ihr es euch mit Anwohnern und Behörden nicht verscherzt. Sollte das doch der Fall sein, kommt ihr in den meisten Fällen mit einer Verwarnung davon. Und das ist kulant. Denn es können auch Bußgelder bis 5000 Euro fällig werden. Mit etwas gesundem Menschenverstand und der nötigen Portion Freundlichkeit sollte das aber zu umgehen sein.

NORDEN

DOCK 10

HAMBURG

Hamburg wird zu Recht das »Tor zur Welt« genannt: Der Hafen ist nicht nur der größte Deutschlands und der drittgrößte Europas, er ist auch das Herz der Hansestadt. An den Landungsbrücken trägt die Elbe Container- und Kreuzfahrtschiffe Richtung Nordsee. Maritimer Charme durchzieht die Stadt, er weht durch die historische Speicherstadt und prägt die moderne HafenCity. Die Reeperbahn, einst Sündenbabel Hamburgs, ist heute Theater-, Musical- und Partymeile. Und nur ein paar Gehminuten sind es von hier zum angesagten Schanzenviertel und zum quirlig bunten Karoviertel. Beschaulich dagegen zeigt sich Hamburg an der Alster, dem Segel- und grünen Freizeitrevier mitten in der Innenstadt.

MIT DEM SCHIFF IN DIE STADT

❶ Auf der südlichen Elbseite im Stadtteil Finkenwerder kann man seinen Van auf einem Parkstreifen am Fähranleger Finkenwerder parken. Die Wiese gegenüber eignet sich gut für ein Picknick. Ein Schwimmbad ist 600 m entfernt. Im dahinter liegenden Gorch-Fock-Park kann man den Sonnenuntergangsblick auf Hamburg genießen. Der Parkplatz liegt neben einer kleinen Polizeistation – dort scheint sich aber niemand an kurzzeitigen Campern zu stören. Die Fährlinie 62 bringt dich in die Innenstadt.

Maximale Parkdauer: 1–2 Nächte
Parkgebühren: keine
Toiletten: keine
Adresse: Butendeichsweg 2
GEO-Koordinaten: 53°32'09.1"N 9°52'39.9"E

UM DIE ECKE

Vorräte aufstocken

Edeka und Aldi Nur 500 m entfernt.
Köhlfleet-Hauptdeich 7 // Finkenwerder

Hier schmeckt's gut

Dampfer Imbiss Beim Imbiss am Fähranleger gibt es frische Fischbrötchen zu kleinen Preisen.
Benittstraße 7

VON HIER AUS ENTDECKEN

Blick auf Airbus und »Elphi«
Vom Aussichtsturm im nahen Rüschpark genießt man den weiten Blick über Elbe und Hafen bis zur Elbphilharmonie. Direkt daneben liegt das Airbus-Werk.
Rüschweg 28

Hafenrundfahrt mit Linie 62
Mit der Fährlinie 62 von Finkenwerder bis zu den Landungsbrücken bekommst du praktisch eine Hafenrundfahrt zum öffentlichen Nahverkehrstarif, denn sie schippert an vielen Sehenswürdigkeiten an der Elbe und am Hafen entlang mit Stopps am Museumshafen Övelgönne, Dockland und Fischmarkt. Die Landungsbrücken sind ein perfekter Ausgangspunkt, um Hamburgs Hafenkante zu entdecken.
Hafenfähre 62 // HADAG Linien // www.hadag.de/hafenfaehren.html

Bild links: Am Elbstrand Füße in den Sand verbuddeln und Schiffe schauen.

Elbstrand mit Hafenblick

Mit der gleichen Fährlinie 62 geht es vom Anleger Finkenwerder in nur 10 Minuten über die Elbe nach Neumühlen/ Övelgönne. Am hier beginnenden Elbstrand kannst du die Füße im Sand verbuddeln und vorbeifahrende Schiffe bestaunen.

Hafenfähre 62 // Fähranleger Neumühlen

GRÜNES IDYLL NAHE DER AUSSENALSTER

❷ Zwischen Kuhmühlenteich und St. Gertrud Kirche befindet sich dieser ruhige Parkstreifen nicht weit von der Außenalster und dem pulsierenden Viertel St. Georg entfernt. Auf der Wiese am Wasser kann man picknicken und mit SUP oder Boot zur Alster paddeln.

Maximale Parkdauer: keine Begrenzung, aber Marktzeiten (Di, Fr 8–14 Uhr) beachten.

WAS CAMPER HIER WISSEN MÜSSEN

Wie in allen großen Städten gilt auch in Hamburg: Parkplätze sind eng, rar oder teuer. Bei freien Parkzonen gilt daher, wer zuerst kommt, schläft zuerst. Am besten begibt man sich also frühzeitig auf Stellplatzsuche. Die Gegend rund um die Reeperbahn (Paul-Roosen-Straße bis St. Pauli Hafenstraße) und den Hauptbahnhof (Hansaplatz) sollte man zum Campen meiden.

Parkgebühren: keine
Toiletten: keine
Adresse: Immenhof 10, Mundsburg
GEO-Koordinaten: 53°34'01.2"N 10°01'35.7"E

UM DIE ECKE

Vorräte aufstocken

Einkaufzentrum Mundsburg Hier findest du einen Penny Markt, Bäckerei, Drogeriemarkt und Asia Imbiss.

Hamburger Str. 1–15 // www.mundsburg.com

Zeit für einen Kaffee

Café Näscherei In heimeliger Wohnzimmeratmosphäre wird ein liebevoll angerichtetes Frühstück serviert sowie leckere hausgebackene Kuchen.

Papenhuder Str. 30

Hier schmeckt's gut

Peter Pane Hamburg Turnhalle In der Kneipenmeile Lange Reihe in St. Georg reiht sich ein Lokal an das andere, falls du in diesem stylishen Burgergrill keinen Platz findest, sind also Alternativen vorhanden.

Lange Reihe 107 // www.peterpane.de

Auf einen Drink

Joy Die gemütliche Kneipe lockt mit Gute-Laune-Musik, deftiger Kneipenküche und sie hat einen guten Kicker.

Winterhuder Weg 69 // www.joy-hamburg.net

VON HIER AUS ENTDECKEN

Außenalster erleben

Wenn du sportlich bist, kannst du um die Alster joggen oder vom Wasser aus Hamburgs feine Wohngebiete erkun-

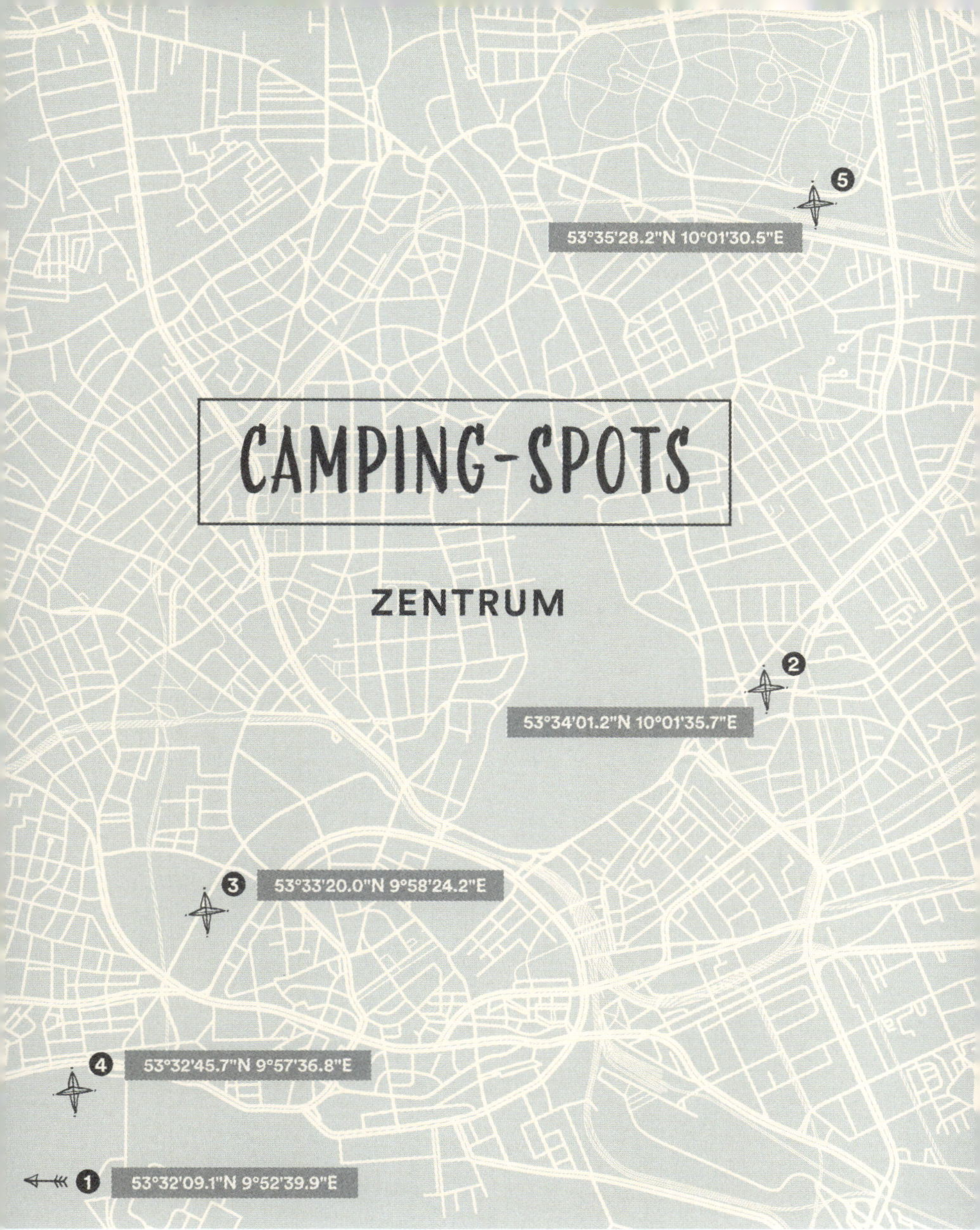

den. Bei Alster SURFER am Mundsburger Kanal kann man SUPs und Boote ausleihen. Schön auch die große Grillwiese am Schwanenwik mit Sonnenuntergangs-Blick.

Alster SURFER // Armgartstraße 7 // www.alster-surfer.com

An der Alster entlang in die Innenstadt

Ein reizvoller Spaziergang führt an der Alster entlang in 15–20 Minuten in die Innenstadt. Noch schneller geht es mit der U3 von der Station Uhlandstraße zum Rathaus und zum Bummel durch

die Alsterarkaden vorbei an Hamburgs feinen Adressen am Neuen Wall und Jungfernstieg. Shoppen kann man in der Europa Passage und Mönckebergstraße.
Europa Passage // Ballindamm 40 // www.europa-passage.de

SCHANZEN- UND KAROVIERTEL

❸ Auf dem Heiligengeistfeld, neben dem Millerntor-Stadion, befindet sich ein großer Parkplatz auch für Wohnmobile. Zur Reeperbahn und zur Kneipenszene im Schanzenviertel sind es nur wenige Schritte, ebenso ins trendige Karolinenviertel.

Maximale Parkdauer: keine Begrenzung
Parkgebühren: 18 €/Tag
Toilette: am Platz, sehr einfach
Adresse: Heiligengeistfeld, Glacischaussee 20, St. Pauli
GEO-Koordinaten: 53°33'20.0"N 9°58'24.2"E

UM DIE ECKE

Vorräte aufstocken
Aldi und Edeka Center
Rindermarkthalle // Neuer Kamp 31

Zeit für einen Kaffee
Café komood Leckere Kuchen und guten Kaffee in urgemütlicher Wohnzimmeratmosphäre.
Marktstr. 102 // Karoviertel

Hier schmeckt's gut
Restaurant Variable Von Poké Bowl über Ramen-Nudeln bis Burger, die Esslokale an der Karolinenstraße bedienen fast jeden Geschmack. Mein Geheimtipp ist das urige Restaurant Variable mit reichlich belegten Pizzen zu günstigen Preisen.
Karolinenstraße 23 // www.restaurant-variable.de

XeÔm Vietnamese Hier ist alles echt vietnamesisch – inklusive Plastikstuhl, Ventilator und hängenden Stromkabeln.
Karolinenstraße 25

VON HIER AUS ENTDECKEN

Bummel durchs Karoviertel
Hier kannst du nach Herzenslust stöbern: Junge Kreative haben an der bunten Marktstraße ihre Ateliers, Galerien, Boutiquen, schnuckeligen Cafés und gesunden Bars eingerichtet, auch zahlreiche Platten- und eigenwillige Buchläden. Das perfekte Kontrastprogramm zur schicken Mönckebergstraße!

Streifzug über den Schanzenflohmarkt
Auf dem Schanzenflohmarkt zwischen den alten Rinderschlachthallen findet man alles von Antiquitäten bis Trödel.
Neuer Kamp 30 // Sa 8–16 Uhr

Zug durchs Schanzenviertel
Wie das Karo- hat sich auch das multikulturelle Schanzenviertel zwischen Schulterblatt und Schanzenstraße mit seiner urigen Kneipen- und Kulturszene zum Trendviertel mit urbanem Nachtleben gemausert. In den vielen Lokalen kann man jederzeit irgendwo Livemusik, Poetry Slams oder Lesungen lauschen.

Muße im Planten un Blomen
Mal chillen zur Abwechslung? Das kannst du auf der grünen Wiese im

Planten un Blomen, dem parkähnlichen Grüngürtel an den Wallanlagen. Besonders reizvoll ist dort der Japanische Garten zwischen Messe und Congress-Zentrum und im Sommer der Parksee mit abendlichen Wasserlichtspielen.
Sommer tgl. 7–23, Winter 7–20/22 Uhr // www.plantenunblomen.hamburg.de

ELBBLICK UND FRISCHER FISCH

❹ Vom einfachen Wohnmobilparkplatz am Fischmarkt genießt man den Blick auf Elbe, Schiffe und Hafen. Um Hamburgs Hafenkante zu entdecken, ist der Platz ideal. Zur Reeperbahn und Kiez ist es nur ein Katzensprung.

Maximale Parkdauer: keine Begrenzung
Parkgebühren: Mo–Do 12,50 €/Nacht, Fr–So 19,50 €/Nacht
Toilette: außerhalb, am Ende der Landungsbrücken
Adresse: Wohnmobil-Parkplatz Fischmarkt, St. Pauli Hafenstraße 89
GEO-Koordinaten: 53°32'45.7"N 9°57'36.8"E

UM DIE ECKE

Zeit für einen Kaffee
Café Schmidt Elbe Hier gibt's ausgezeichnet – im wahrsten Sinne des Wortes – gute Kuchen und Gebäck.
Große Elbstraße 212 // www.schmidt-und-schmidtchen.de

In Hamburgs urbanem Schanzenviertel mit seinen schrägen, alternativen Kneipen, Cafés und multikulturellen Restaurants ist immer was los.

Auf einen Drink

Strandpauli Entspannte Beachbar mit Elbblick, im Winter Skihütte.

St. Pauli Hafenstraße 89 // www.strandpauli.de

Zum Schellfischposten Mehr Kiez-Flair versprüht Zum Schellfischposten. Hier wird übrigens auch »Inas Nacht« gedreht.

Carsten-Rehder-Straße 62 // St. Pauli

Hier schmeckt's

Fischmarkt Bistro Frischer Fisch satt – von den Kuttern auf den Teller, hier kommen Fischfans auf ihre Kosten.

Große Elbstr. 133 // www.fischmarkt-bistro.de

D. José Mehr als ein Dutzend Portugiesen und Spanier reihen sich im Portugiesenviertel, im Sommer werden Tische und Stühle auf die Straße gestellt, und bei Gambas, gebratenen Sardinen, Fischplatte oder Kaninchen und einem Glas Wein fühlt man sich direkt nach Portugal versetzt.

Rambachstr. 10 // www.d-jose.de

VON HIER AUS ENTDECKEN

Nicht nur Fisch auf dem Fischmarkt

Vermutlich die größte Attraktion auf dem Fischmarkt sind die Marktschreier und das bunte Völkchen, das sich durch die Reihen wälzt – die einen noch übrig geblieben von der Partynacht auf der Reeperbahn, die anderen auf der Jagd nach Schnäppchen, an denen es hier neben Kitsch und Krempel keinesfalls mangelt. Aus der historischen Fischauktionshalle dröhnt Partymusik, in den Kneipen am Rand dudeln Seemannslieder. Kurzum: Hier ist der Bär los – bis Paukenschlag Punkt 9.30 Uhr. Wohlgemerkt morgens! Deshalb ist frühes Kommen angesagt.

Große Elbstraße 9 // www.hamburg.de/fischmarkt // So 6–9.30 Uhr

Marktschreier, frischer Fisch, toller Hafenblick - all das ist Fischmarkt.

Hamburgs spannende Hafenkante
Um die Landungsbrücken herum gibt es vieles zu entdecken: Geh mal runter zu den Anleger-Pontons, die sich mit dem Wasser heben und senken, und schau dem trubeligen Verkehr auf der Elbe zu. Der Uhrturm zeigt nicht nur die Zeit, sondern auch den aktuellen Wasserstand an – 3,60 m beträgt jeweils das Auf und Ab des Tidenhubs samt Pontons binnen sechs Stunden. Wenn du auf der Straßenseite gegenüber die lange Treppe hinaufsteigst, hast du den perfekten Ausblick für dein Hamburg-Foto: Elbe, Schiffe, Docks und Werftkräne plus Landungsbrücken sowie links auf die historischen Museumsschiffe Rickmer Rickmers und Cap San Diego und im Hintergrund auf die Elbphilharmonie. Wieder zurück, wendest du dich vor dem Gebäude nach rechts zum Alten Elbtunnel. Nicht nur die Architektur dieses technischen Meisterwerks von 1911 lohnt den Weg durch die 426,5 m lange, keramikgekachelte Röhre, vom anderen Ende hat man einen großartigen Blick auf die Skyline der Hansestadt und das zweitbeste Hamburg Foto.
Alter Elbtunnel // www.hamburg.de/alter-elbtunnel

STELLPLATZ MIT »VORGARTEN«

❺ Nördlich der Alster liegt der 148 ha große Stadtpark mit einem schönen Naturfreibad, riesiger Grillwiese und allerhand Sport- und Freizeitmöglichkeiten für Jung und Alt. Am besten steht man hier am Südring in der Nähe des Stadtparksees. Der schmalen Parkstreifen verläuft parallel zur Straße, die – vor allem in der Nacht – ruhig ist.

An der Elbe in Finkenwerder

Maximale Parkdauer: keine Begrenzung
Parkgebühren: keine
Toilette: keine
Adresse: Südring, Winterhude
GEO-Koordinaten: 53°35'28.2"N 10°01'30.5"E

UM DIE ECKE

Vorräte aufstocken
Wochenmarkt am Goldbekufer Nach dem Isemarkt ist dieser Bauernmarkt am Goldbekkanal die zweitschönste Genießermeile in Hamburg, nicht zuletzt, weil man sich nach dem Marktgang noch auf einen Kaffee in einem der netten Lokale ringsherum treffen kann.
Goldbekufer zw. Mühlenkamp und Barmbeker Straße // Di, Do, Sa 8.30–13 Uhr

Zeit für einen Kaffee
Café Sommerterrassen Mit dem Blick auf den Kanal und ins idyllische Grün des Stadtparks kann man es hier im Sommer gut aushalten.
Südring 44 // www.sommerterrassen-hamburg.de

REINSCHAUEN LOHNT SICH

Speicherstadt und Miniatur Wunderland

Als Hamburg noch ein Freihafen war, lagerten in den roten Backsteinbauten der historischen Speicherstadt Tonnen von Tee, Kaffee und Gewürzen und Teppiche aus aller Welt. Seit 2015 ist dieser weltgrößte Lagerhauskomplex mit der roten Klinker-Architektur Weltkulturerbe und auch abends schön anzusehen. Die meisten Besucher zieht allerdings das Miniatur Wunderland an, die weltgrößte Modelleisenbahnanlage mit 1040 Minizügen auf 15 km Schienen.

Miniatur Wunderland // Kehrwieder 2/ Block D // www.miniatur-wunderland.de

Besuch bei »Elphi«

Lange genug hat der Bau gedauert und die Kosten in die Höhe getrieben: Aber nun ist die Elbphilharmonie Hamburgs neues stolzes Wahrzeichen und erfreut mit ihrem perfekten Klang nicht nur Konzertgänger, sondern begeistert von ihrer Aussichtsplattform in 37 m Höhe auch Besucher ohne Konzertticket mit ihrem Rundumblick auf die Stadt, den Hafen und die neue HafenCity.

Platz der Deutschen Einheit 2 // www.elbphilharmonie.de/de/plaza // kein Eintritt, aber Ticket im Besucherzentrum

HafenCity und Maritimes Museum

In der neuen HafenCity führt Hamburg vor, was man aus einem nicht mehr gebrauchten Hafenareal Sinnvolles machen kann: Von 2000 bis heute ist hier ein pulsierender neuer Stadtteil mit Flaniermeilen, kreativen Wohnwelten am Wasser und futuristischen Bürotürmen entstanden. Für Schifffahrtsfans gibt es einen echten Hamburger Leckerbissen: 3000 Jahre Seefahrtsgeschichte veranschaulicht das Internationale Maritime Museum mit 1700 Großmodellen von Schiffen und 15 000 Minischiffen, alten Seekarten, Filmen, Fotos, Plänen und Geräten auf neun Etagen im restaurierten Kaispeicher B. Absolutes Highlight ist fraglos der Schiffsführungssimulator.

www.hafencity.com // Museum: Koreastr. 1 // www.imm-hamburg.de

Ein große Spielwiese ist der Stadtpark mit dem Planetarium im alten Wasserturm.

Hier schmeckt's gut

Froindlichst Alles vegan – hier gibt es sündhaft leckere Burger, Pizza und Kuchen zum gleich Essen oder zum Mitnehmen.

Barmbeker Str. 169 // www.froindlichst.com

Teigfabrik Das kleine Bistro tischt köstliche Pizza mit ausgefallenen Belägen auf sowie diverse Burrata-Kreationen.

Jarrestraße 27

Auf einen Drink

W – die Weinbar Die passende Adresse für Weinfans – gute Weinauswahl, dazu kann man kleine Gerichte und Tapas bestellen und sich im gemütlichen Ambiente wohlfühlen.

Dorotheenstraße 180 // www.w-die-weinbar.de

VON HIER AUS ENTDECKEN

Den Sternen so nah

Der alte Wasserturm am westlichen Ende des Stadtparks beherbergt Deutschlands größtes und modernstes Planetarium mit thematisch spannend aufgemachten, teils spektakulären Vorführungen mit und ohne Musik, außerdem Livemusik und Filme, Lasershows und Lichtspiele.

Planetarium // Linnering 1 // www.planetarium-hamburg.de

Open Air Konzerte im Stadtpark

Auf der Freilichtbühne im Stadtpark treten in den Sommermonaten nationale und internationale Künstlerinnen und Künstler auf.

Saarlandstraße 71 // www.stadtparkopenair.de

KIEL

Entspannte Großstadt am Meer – unsere nördlichste Landeshauptstadt lädt dich an ihren Hafen ein, in ihre Parks, auf ihre Märkte, Promenaden und Strände. Es ist nicht genau geklärt, warum die Menschen in Schleswig-Holstein zu den glücklichsten in unserer Republik zählen. Vielleicht liegt es am Wind. Der maritime Einfluss der Ostsee beschert ein mildes Klima mit würziger Brise. Vielleicht sind es die raschen Wechsel der Wetterlagen von strahlend sonnig zu grau regnerisch bis nass stürmisch. Egal warum, Kiel hat euch gern hier am norddeutschen Fjord, wo man im Sommer Samba am Strand tanzt und im Winter Eisbaden geht.

VOM »WILLI« SCHNELL IN DIE INNENSTADT

❶ Der Willi, wie der Wilhelmplatz in Kiel genannt wird, ist neben dem Exerzierplatz 200 m weiter (gebührenpflichtig) einer der zwei großen Freiplätze in der Kieler Innenstadt. Er wird überwiegend als Parkfläche genutzt und ist nur wenige Male im Jahr für Jahrmarkt oder Zirkus gesperrt. Hier kannst du unauffällig zwischen anderen Autos parken. Die Lage ist ideal, um die Innenstadt kennenzulernen. 15 Gehminuten sind es zur Einkaufsmeile Holstenstraße, die vom Bahnhof zum historischen Stadtkern führt. Vorbei an Rathaus und Oper um den Kleinen Kiel herum und die Bergstraße hinauf kommst du auf die Holtenauer Straße mit ihren vielen Läden, Cafés, Restaurants, Bars, Kinos und Klubs.

Maximale Parkdauer: 3 Nächte; beachtet die Veranstaltungstermine
Parkgebühren: keine
Toiletten: am Platz
Adresse: Wilhelmplatz
GEO-Koordinaten: 54°19'25.4"N 10°7'14.9"O

UM DIE ECKE

Vorräte aufstocken

Wochenmarkt Große Auswahl an regionalen Produkten – ja, auch Fisch.
Exerzierplatz // Mi und Sa 8–13 Uhr

Biohof Kiel Gut sortierter Biosupermarkt.
Wörthstraße 24–26 // www.biohof-kiel.de

Zeit für einen Kaffee

Restez! Die besten handgemachten Croissaints und französischen Backwaren Kiels gibt's wohl hier und im Ableger am Dreiecksplatz.
Sternstraße 18 und Koldingstraße 23 // www.restez.de

Bakeliet Kaffee Charakterstarkes Café mit Rösterei, leckeren Backwaren und Kuchen.
Möllingstraße 11 // www.bakeliet kaffee.com

Loppokaffee Café Einen weiteren in Kiel gerösteten Kaffee kann man im rustikalen Ambiente dieser Rösterei trinken.
Grasweg 8 // www.loppokaffee.de

Bild links: Boote rein und raus – an der Kieler Förde gibt es immer was zu sehen.

Auf einen Drink

Übersee Stuben Urige Kneipe für jedermann im klassisch-norddeutschen Seemanns-Ambiente.
Eckernförder Straße 72 // www.facebook.com/ueberseestuben

Galerie Club 68 In diesem Kieler Original mit kleiner Konzertbühne und ergiebiger Speisekarte soll auch schon Werner Bölkstoff, der Erfinder der Comicfigur Werner, geweilt haben.
Ringstraße 68 // www.club68.de

VON HIER AUS ENTDECKEN

Joggen im Schrevenpark
In nur zwei Gehminuten erreichst du den Park für einen ausgiebigen Spaziergang oder zum Frühsport.

WAS CAMPER HIER WISSEN MÜSSEN

In manchen Innenstadtgebieten ist nur Anwohnerparken erlaubt. In Kanal- und Strandnähe sind aber meist extra Camper-/Caravanparkplätze vorhanden. Wie sehr in diesen Gebieten die Nutzung kontrolliert wird, ist wohl saisonabhängig. Wenn du für kürzere Zeit in Wohngebieten parkst, wo jedermann das Auto abstellen kann, wirst du bei der hohen Bus-und Van-Dichte, die in Kiel herrscht, nicht so stark auffallen. Und was nimmt man am besten zum Anziehen mit nach Kiel? Profi-Tipp: Fleecepulli. Der trocknet schnell wieder.

AN DER KIELLINIE MIT FÖRDEBLICK

❷ Unterhalb des Düsternbrokergehölzes gibt es Parkplatz auf dem Seitenstreifen an der Kiellinie, so heißt die lange Fördepromenade, die sich vom Marinehafen bis in die Innenstadt zieht. Von hier aus hast du einen tollen Blick auf die Förde bis nach Laboe und schaust den ein- und ausfahrenden Frachtern und Kreuzfahrern zu. Mische dich ruhig einmal unter die zahlreichen Jogger, die wahrscheinlich alle für den Kiellauf im Sommer trainieren. Wieder zurück, kannst du dir im Seebad Düsternbrook in den Strandkörben die Sonne auf den Bauch scheinen lassen.

Maximale Parkdauer: 3 Nächte;
wenn Kiellauf ist, musst du weichen
Parkgebühren: keine
Toilette: keine
Adresse: Kiellinie 61
GEO-Koordinaten: 54°20'48,5"N 10°9'13,6"O

UM DIE ECKE

Hier schmeckt's gut

Forstbaumschule Restaurant und Parkcafé Das große Restaurant lockt mit wunderbarem Biergarten und leckeren Pizzen.
Düvelsbeker Weg 46 // www.forstbaumschule.de

Gosch Kiel Auch in Kiel hat sich die Sylter Seafood-Kette niedergelassen, wo es von Fischbrötchen mit Flens bis Hummer mit Champagner alles für den erprobten Gaumen gibt.
Kiellinie 63, Höhe Blücherbrücke // www.gosch.de

Moby Das ist Kiels trendige Antwort auf Gosch, zwar noch auf Trailer-Kiosk-Basis, aber mit festem Platz im Herzen von Fischbrötchenliebhabern.
Kiellinie 61a // www.mobykiel.de

Auf einen Drink
Seebar Kiel Maritimes Ambiente und dazu passende Sundowner.
Seebad Düsternbrook // Kiellinie 130 // www.seebad-duesternbrook.com

Sandhafen In der Seebar auf Sandstrand auf einem Ponton in der Kieler Förde vor dem Kieler Landtag erlebt man Kiels junge, warme Sommernächte. Blücherbrücke // www.sandhafen.de

VON HIER AUS ENTDECKEN

Düsternbrooker Gehölz
Der Waldpark, Forstbaumschule und oberhalb davon eine von Kiels alteingesessenen Villengegenden eignen sich wunderbar für Spaziergänge und Vorgartensafaris.

Entlang der Kiellinie
Stadteinwärts die Kiellinie entlang triffst du auf vieles, was ikonisch für Kiel ist: Weltwirtschaftsinstitut, Landesregierung und Landtag, wo zu Sitzungszeiten ein kleiner Leuchtturm auf dem Rasen zur Förde hin leuchtet. Gehst du die Promenade noch ein Stück weiter, triffst du auf das Geomar Helmholtz-Zentrum für Ozeanforschung mit seinem öffentlich zugänglichen Seehundbecken und einem eigenen Anleger für Expeditionsschiffe. Dahinter liegt die Kunsthalle zu Kiel mit wechselnden Ausstellungen.
Geomar Düsternbrooker Weg 20 // www.geomar.de
Kunsthalle // Düsternbroker Weg 1 // www.kunsthalle-kiel.de

AN DER EINFAHRT ZUM NORD-OSTSEE-KANAL

❸ Ein Parkplatz in der Kanalstraße, die zum Leuchtturm Kiel-Holtenau führt, sichert dir den perfekten Blick auf die Einfahrt zur meistbefahrenen Wasserstraße

Die verkehrsreichste Wasserstraße der Welt verbindet Nord- und Ostsee

der Welt, dem Nord-Ostsee-Kanal (NOK). Der Handel führt in der zweiten Hälfte des 18. Jh. zur Erschließung des Eiderkanals vom alten Dänischen Grenzfluss Eider bis Holtenau. Ende des 19. Jh. kamen dann noch kriegsstrategische Gründe hinzu, was zum Ausbau des NOK-Kanals als wichtige Schiffsverbindung zwischen Nord und Ostsee führte.

Maximale Parkdauer: 3 Nächte
Parkgebühren: keine
Toiletten: Auf der Schleuseninsel am Jachthafen
Adresse: Kanalstraße, Holtenau
GEO-Koordinaten: 54°22'9,4"N 10°8'44,1"O

UM DIE ECKE

Zeit für einen Kaffee

Schiffercafe Kiel Von diesem freundlichen Ausflugscafé direkt am Wasser auf dem historischen Tiessenkai hat man einen herrlichen Blick auf die Förde.
Tiessenkai 9–10 // www.schiffercafe-kiel.de

Cafè Förde & Kanalblick Der nette Kiosk liegt auf der anderen Schleusenseite beim gleichnamigen Wohnmobilstellplatz.
Mecklenburger Str. 58

Hier schmeckt's gut

Luzifer Fördeblick Gönn dir diesen Sylter Export mit hohem Anspruch an Gerichte, Personal und Ausblick.
Kanalstraße 85 // www.luzifer-sylt.de/kiel

Bergklause Bei großem Hunger auf Hausmannskost bist du in dieser rustikalen Gaststätte richtig.

Die Seebar im Seebad Düsternbrook

Schwester-Therese-Straße 9 // www.facebook.com/Bergklause

VON HIER AUS ENTDECKEN

Seebadeanstalt Holtenau
Sie befindet sich gleich um die Ecke und gilt unter den vielen weiteren Fördebadeanstalten als Geheimtipp.
Holtenauer Reede 30 // www.seebad-holtenau.de

Die Kanalschleusen
Ein imposantes Zeugnis für Ingenieurskunst. Auf der südlichen Schleusenseite gibt's eine Aussichtsplattform, zu der ihr entweder über die Hochbrücke oder mit einer kleinen kostenlosen Personenfähre darunter gelangt.

Radtour am Kanal entlang
Fahrrad dabei? Dann fahr mal am Nordufer des Kanals entlang ins Landesinnere. Beim Restaurant Kanalfeuer, Knooper Dorfstraße in Altenholz, biegst du nach Norden ab und folgst dem alten

REINSCHAUEN LOHNT SICH

Schifffahrtsmuseum Fischhalle
Das Museum ist in der ehemaligen Fischauktionshalle untergebracht. Hier erfährst du Wissenswertes über die Seestadt Kiel als Hafenstadt, als Marine-Stützpunkt und als Werft-Standort. Auch Themen wie Fischerei, Nord-Ostsee-Kanal und Segelsport sind anschaulich präsentiert. Auch die wechselnden Ausstellungen sind super kuratiert. Draußen im Café kannst du dann mit Blick auf die gegenüberliegenden Werftanlagen einen realen Bezug zur Gegenwart aufbauen.
Wall 65 // www.museen-sh.de/museum/6885250 // Eintritt frei

Kiel vom Wasser aus im Fördedampfer
Am komfortabelsten kommt du über die gesamte Förde mit den Fördedampfern, Kiels öffentlicher Nahverkehr zur See. Wenn du am Bahnhof, also am innersten Anleger, einsteigst und bis zum äußersten Anleger Laboe fährst, bist du locker den halben Tag auf dem Wasser unterwegs und siehst Kiel von seiner schönsten Seite, dank Innenräumen, Kiosk und Sonnendeck bei (fast) jedem Wetter. Von Oktober bis März verkehrt die Fähre nur zwischen Möltenort und Laboe.
Fährlinie 1 ab Bahnhofsbrücke // www.sfk-kiel.de/de/faehrlinien/foerde

Segelsporterlebnis Kieler Woche
Seit gut einem Jahrhundert findet hier jährlich eine der größten Segelregatten weltweit statt mit einer eindrucksvollen Windjammer-Segelparade. Wenn du seefest bist, kannst du dabei auf Beibooten zuschauen. In den letzten Jahrzehnten hat sich parallel zu dem Segelspektakel draußen auf der Förde entlang der inneren Förde ab der Kiellinie bis in die Innenstadt ein ausuferndes Volksfest entwickelt. Wenn du Kiel mal so richtig lebhaft erleben möchtest, dann schau in der letzten vollen Juniwoche vorbei.
www.kieler-woche.de

Verlauf des Eiderkanals und besichtigst in Rathmannsdorfer Schleuse die stillgelegten historischen Schleusenanlagen. Wieder zum Kanal zurück unter der Levensauer Hochbrücke hindurch, gelangst du zum Gut Warleberg mit Obstplantagen zum Selbstpflücken und einem Café mit Ausblick auf die Kanalschleife.

Wegstrecke gesamt rund 30 km und fast keine Steigung

HINTERM DEICH IN FRIEDRICHSORT

❹ Diese Location ist ein Klassiker für alle Strandfans, da man direkt auf dem Strandparkplatz steht. Zwar sieht man von dieser Stelle aus nicht wirklich den nur 10 m Luftlinie entfernten Falkensteiner Strand, dafür steht es sich ruhig und windgeschützt. In warmen Nächten machen die Kieler hier gern Grillabende mit Blick über die Förde und Czernys Bier, das gleich um die Ecke in einer alten Festungsanlage gebraut wird.

Maximale Parkdauer: 3 Nächte
Parkgebühren: keine Parkgebühr seit der Saison 2020, kann sich aber ändern
Toiletten: keine
Adresse: Falkensteiner Strand, 24159 Kiel-Friedrichsort
GEO-Koordinaten: 54°23'57,3"N 10°11'18,6"O

UM DIE ECKE

Vorräte aufstocken

Rewe Markt Klassisches Supermarktsortiment, weitere Discounter und Drogeriemärkte im Umkreis von 100 m.
An der Schanze 40

Czernys Küstenbrauerei Die perfekte Adresse für Bierfans.
Festung Friedrichsort, Deichweg 20 // www.czernys-kuestenbrauerei.de

Zeit für einen Kaffee

Deichperle Tolles Cafe mit Bar, Sonnendeck und ergiebiger Speise- und Getränkekarte, bedient wirst du von nettem Personal.
Deichweg 24 // www.deichperle-kile.de

Elefant am Strand Der chillige Surferkiosk liegt geschützt hinter Dünen.
Falckensteiner Strand 81 // www.elefant-am-strand.de

Hier schmeckt's gut

Ute im Bikini Die Mischung aus Kiosk und Restaurant mit genau den richtigen Gerichten ist perfekt, um den Tag am Strand zum Urlaubstag zu machen.
Falckensteiner Strand 71 // www.ute-im-bikini.de

VON HIER AUS ENTDECKEN

Lust auf einen langen Spaziergang? Dann kannst du vom Leuchtturm Friedrichsort eine Strandwanderung bis zum Olympiahafen Schilksee machen. Gehst du noch weiter, gelangst du zur Strander Strandpromenade und noch etwas weiter steht Kiels äußerster Leuchtturm auf dem Westufer der Förde in Bülk. Auf dem gut zweistündigen Spaziergang nach Bülk kommst du an öffentlichen Toiletten, Fischbuden, Restaurants, Surfschulen und einem beheizten Hallenbad vorbei. Den Rückweg sollte man allerdings im Blick haben, da es keine öffentlichen Verkehrsmittel vom Leuchtturm Bülk nach Friedrichsort gibt.

LÜBECK

Hinter dem berühmten Holstentor breitet Lübecks UNESCO-Welterbe-Altstadtinsel unzählige mittelalterliche Schätze aus. Die sieben Türme ihrer fünf gotischen Backsteinkirchen, die die Silhoutte prägen, das ungewöhnlich dekorierte Rathaus und das Burgkloster mit dem Hansemuseum sind nur die eine sichtbare Seite der Hansestadt, die sie freizügig zeigt. Ihr verborgenes nicht minder spannendes Innenleben gibt sie indes nicht jedem preis. Dazu muss man neugierig genug und gewillt sein, durch niedrige Tore zu schlüpfen und verwinkelten Gassen zu folgen, um die anschaulichsten der 90 Gänge, Höfe und Stiftshäuser zu entdecken, die heute liebevoll restauriert zu idyllischen Schmuckstücken gereift sind.

MITTENDRIN AUF DER ALTSTADTINSEL

❶ Parken ist in Lübeck vor allem auf der Altstadtinsel kein einfaches Unterfangen. Grundsätzlich geht es hier nur mit Bewohner-Parkausweis. Lediglich von Samstagabend bis Montagmorgen ist es dort überhaupt möglich. Dann parkt man sogar kostenlos auf der Altstadtinsel und kann in Muße Lübecks vielseitige Altstadt bestaunen.

Maximale Parkdauer: 1 Nacht
Parkgebühren: keine, generell nur Sa ab 18 Uhr bis Mo 6 Uhr
Toiletten: keine
Adressen: a) Langer Lohberg Ecke Weiter Lohberg und b) für größere Camper Wahmstraße
GEO-Koordinaten:
a) 53°52'13.8"N 10°41'33.3"E,
b) 53°51'55.0"N 10°41'15.9"E

UM DIE ECKE

Vorräte aufstocken

Unverpackt Neben klassischen Trockenprodukten kann man Essig und Öle in mitgebrachte Behältnisse abfüllen. Gönn dir einen Fairtrade-Kaffee und hausgemachten Kuchen.
Fleischhauerstraße 40 // www.unverpackt-luebeck.de

Zeit für einen Kaffee

Neue Rösterei In rustikaler Hinterhofatmosphäre wird der Cappuccino aus frisch gemahlenen Kaffeebohnen gebrüht, dazu warme Zimtschnecken oder ein feines Frühstück, später gibt's auch hausgemachten Kuchen.
Wahmstraße 43–45 // www.neue-roesterei-luebeck.de

Café Calma Im Café Calma gibt es nicht nur das beste Frühstück Lübecks, sondern obendrein ausgefallene Damenschuhe zu kaufen; auf der Tageskarte stehen Salate, Vorspeisen (auch vegan) und Mittagstisch.
Hüxstraße 67 // www.cafecalma.de

CaféBar Rund um die Hüxstraße tummeln sich die guten Cafés nur so. In der hippen CaféBar soll es Lübecks besten Kaffee geben, außerdem freies WLAN.
Hüxstraße 94 // www.cafebar-hl.de

Bild links: In Lübecks schöne alte Gassen und Höfe kann man sich verlieben.

Colestreet Cafe Bar & Taste Wohlfühlcafébar mit Wohnzimmeratmosphäre! Hier kannst du Tag und Nacht verbringen, dabei von Kaffee und Snacks auf coole Drinks wechseln und Kunst und Musik von Omas Sesseln aus genießen.
Beckergrube 18 // www.facebook.com/colestreetbeckergrube

Hier schmeckt's gut

La Vigna Für diejenigen, die eigentlich nach Italien wollten und in die falsche Richtung gefahren sind, ist LaVigna perfekt: Beste Pizza der Stadt und leckere italienische Kost.
Hüxstraße 63 // www.m.facebook.com/La-Vigna-117987968258644/

Miera Weinbar Antipasti, hausgemachte Pasta und über 150 Weine – eine schöne Kombination für das Ende eines langen Tages, an dem man sich belohnen möchte.
Hüxstrasse 57 // www.miera-restaurant.de

WAS CAMPER HIER WISSEN MÜSSEN

Ihr habt es sicherlich schon geahnt – Lübeck ist eine Stadt, die es Campern nicht leicht macht ein Plätzchen zu finden. Unmöglich ist es aber auch nicht, wenn man in Kauf nimmt, nicht immer in der Poleposition parken zu können. Wir empfehlen, den Stellplatz unbedingt nach ein bis zwei Nächten zu wechseln, um Ärger mit Anwohnern zu vermeiden. Und Achtung: Beim Einfahren in Lübeck immer an die Geschwindigkeitsbegrenzung halten. Die Stadt ist gespickt mit Blitzern.

Auf einen Drink

If Lübeck Nur wenige Stufen hinunter und du findest dich in einer anderen Zeit und im If, der Inbegriff einer urigen Kneipe, in der es immer Guinness und manchmal (irische) Livemusik gibt.
Engelsgrube 41

Sternschnuppe In dieser angesagten Studentenkneipe findest du neben bezahlbaren Drinks auch einen guten Kicker – und Mitspieler.
Fleischhauerstraße 78

Tonfink Die Abendgestaltung ist durch diese tolle Musikkneipe gesichert. Zwischen 20 Uhr und 22 Uhr lauscht man bekannten und weniger bekannten Künstler*innen. Vorhanden außerdem: Kicker, Büchertauschregal und freies WLAN.
Große Burgstraße 46 // www.tonfink.de

VON HIER AUS ENTDECKEN

Cornern am Drehbrückenplatz

Der Drehbrückenplatz mit seinen abgeflachten Stufen zum Sitzen ist DER Platz für einen Drink bei Sonnenuntergang mit Blick auf die Trave und den Museumshafen.
Drehbrückenplatz // Willy-Brandt-Allee 35

Überblick gewinnen

Auf der Dachterrasse des Europäischen Hansemuseums kannst du Lübeck von oben genießen mit Blick auf Trave,

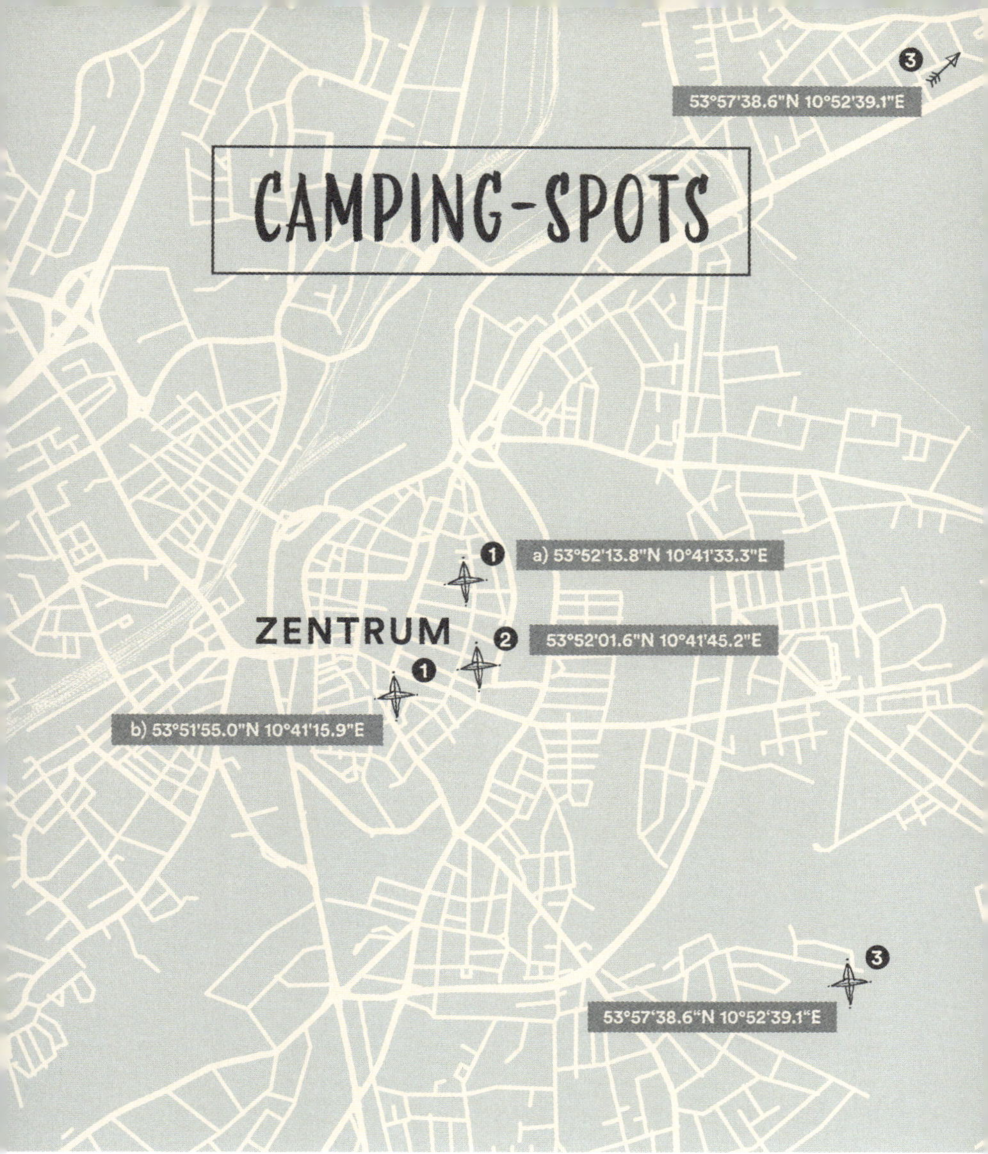

Burgkloster und Hubbrücke. Auch das Museum selbst ist einen Besuch wert, wenn dich die Geschichte der einst mächtigen Hanse interessiert.

Europäisches Hansemuseum // An der Untertrave 1 // www.hansemuseum.eu

Altstadt neu interpretiert

Im Gründungsviertel kannst du mitverfolgen, wie ein ehemals zerstörtes Wohnquartier nach historischen Vorbildern wieder aufersteht. Mach auch einen Abstecher zum Ulrich-Gabler-Haus. Das Haus ist ein modernes Abbild historischer Lübecker Bautradition und ein gutes Beispiel dafür, wie man diese auch zeitgemäß fortsetzen kann.

Gründungsviertel // Fischstraße // www.gruendungsviertel.de

Ulrich-Gabler-Haus // Schüsselbuden 6

Trave und Travekanal machen Lübecks historische Altstadt zu einer Insel.

NAHE DRAN AM TRAVEKANAL

❷ Außerhalb der Altstadtinsel kann man auf den Großparkplätzen parken, beispielsweise auf dem Kanalstraße Parking, wo auch gut Reisemobile stehen können. Von hier aus ist man in 10 bis 15 Gehminuten in der Altstadt. Der Parkplatzcharme wird durch die Nähe zum Travekanal aufgewertet.

Maximale Parkdauer: keine Begrenzung
Parkgebühren: 6 €/Tag
Toiletten: keine
Adresse: Kanalstraße
GEO-Koordinaten: 53°52'01.6"N 10°41'45.2"E

UM DIE ECKE

Vorräte aufstocken

Landwege Biomarkt 30 Mitgliedshöfe aus dem weiteren Umkreis beliefern die Landwege-Genossenschaft.
Kanalstraße 78–80 // www.landwege.de

Zeit für einen Kaffee

Cafe Affenbrot Abseits vom Trubel der Altstadt kannst du in diesem vegetarisches Bio-Café mit Terrasse wunderbar entspannen.
Kanalstraße 70 // www.cafeaffenbrot.de

Hier schmeckt's gut

NUI Ramenbar und NUI Sushibar Zum Kraft tanken und Aufwärmen in der

Mittagspause löffelt man hier bevorzugt eine Ramensuppe oder nimmt Sushi to go mit.
An der Untertrave 110 // www.nui-luebeck.de

Auf einen Drink

No12 Hier kann der Abend bei einem Bier oder musikalisch ausklingen. Unter der Woche geht es am Kicker eher gemütlich zu, am Wochenende wummern die Bässe.
Clemensstraße 12 // www.ranzkneipe.de/ranzkneipe/no12-luebeck/

Blauer Engel Kleiner Klub mit fairen Getränkepreisen, im Sommer breitet sich der Betrieb oft auf die Straße aus.
Clemensstraße 8 // www.blauerengel-luebeck.de

Dietrich's Gin-Fans haben bei rund 300 Sorten die Qual der Wahl, Wein und weniger hochprozentige Drinks gibt's aber auch.
An der Untertrave 108 // www.dietrichs-luebeck.de

VON HIER AUS ENTDECKEN

Altstadt-Rundgang am Traveufer
Der Weg führt durch die grünen Wallanlagen, mal hoch auf die Burg und wieder runter in die mittelalterliche Stadtstruktur und vorbei am Holstentor. Bieg ruhig das eine oder andere Mal vom Weg ab, wenn dich eine Ecke neugierig macht. Auf diese Weise entdeckst du die oft verborgenen Perlen der Altstadt, schöne alte Gassen und Höfe, prächtige Kirchen und denkmalgeschützte Schiffe.
Traveufer // An der Mauer, Kanalstraße, An der Untertrave, An der Obertrave

AN DER WACKENITZ

❸ Wenn du nachts deine Ruhe haben möchtest und den Tag am liebsten mit einem Spaziergang im Grünen beginnst, bietet es sich an, im Wohngebiet Gärtnergasse im Fahlenkampsweg zu parken (allerdings ohne Versorgungseinrichtungen in fußläufiger Entfernung). Dieses grenzt an ein Naturschutzgebiet an. Die Badestelle an der Wakenitz ist in wenigen Minuten erreicht – und ab ins kühle Nass!

Maximale Parkdauer: keine Begrenzung
Parkgebühren: keine
Toilette: keine
Adresse: Fahlenkampsweg, Wohngebiet Gärtnergasse
GEO-Koordinaten: 53°57'38.6"N 10°52'39.1"E

Morgennebel an der Wakenitz

REINSCHAUEN LOHNT SICH

Höfe als Erlebnisraum

Die mittelalterlichen Gänge und Höfe der Altstadtinsel sind Lübecks gut gehüteten, verborgenen Schmuckstücke. Sie sind noch ein Überbleibsel aus dem mittelalterlichen Städtebau für die Ärmsten der Armen, ihre dicht gedrängten »Gangbuden« (Häuschen) heute liebevoll restauriert, die Höfe oft blühende Oasen der Beschaulichkeit. Die meisten sind frei zugänglich und vor allem im Bereich Engelsgrube, Engelswisch und Glockengießerstraße zu finden.

Kultur jenseits des Mainstreams

Das von der Alternative e. V. betriebenem interkulturellen Kulturzentrum auf der »Walli«, der Wallhalbinsel, bietet ein breites alternatives Spektrum an Veranstaltungen – von Konzerten über Workshops bis zu spannenden politischen Diskussionsrunden. Schau mal ins Programm!

Willy-Brandt-Allee 9 // www.walli.systemausfall.org/

Draußen im Museum

Mit einem Öko-Stadt-Pfad möchte das Museum für Natur und Umwelt das

Thema Natur und Umwelt sozusagen hautnah erlebbar machen. Dafür hat sie einen 2,5 km langen Rundkurs durch das Domviertel und die Wallanlagen zusammengestellt, auf denen Tafeln die Stadtökologie Lübecks erläutern. Start und Zielpunkt ist der Bienengarten des Museums.

Musterbahn 8 // www.museum-fuer-natur-und-umwelt.de

Altstadtbaden

Lust auf Schwimmen in der Altstadt? Möglich im Freibad am Krähenteich. Keine Sorge, die Trübung des Wassers kommt durch die Wakenitz, die ein natürliches Moorgewässer ist, die Wasserqualität ist aber absolut badetauglich. Und wer im Winter Lübeck besucht, kann hier an der alljährlichen Eisbadewette teilnehmen!

An der Mauer 51 // www.altstadtbad-kraehenteich.de

VON HIER AUS ENTDECKEN

Wandertour mit Waldsauna
Nicht nur mit dem Kanu auf, sondern auch entlang der Wakenitz kannst du eine Tour mit dem Fahrrad oder zu Fuß unternehmen. Auf circa 20 km Länge schlängelt sich der Drägerweg vom Lübecker Drägerpark durch die Wakenitzniederung bis zum Ratzeburger See. Auf halbem Weg kannst du in der urigen Waldsauna Müggenbusch Energie auftanken. Zurück nach Lübeck kommst du von Ratzeburg mit dem Zug oder sogar per Schiff.
Startpunkt Drägerpark Alexanderstraße 36a // www.waldsauna-mueggenbusch.de

AM MEER IN TRAVEMÜNDE

❹ Das Seebad Travemünde ist zwar ein Stadtteil von Lübeck, um dahin zu kommen, musst du freilich 22 km fahren, Luftlinie sind es immerhin noch 16 km bis zur Mündung der Trave in die Ostsee. Dafür kannst du dann aber herrliche Meerluft schnuppern, barfuß am Sandstrand entlang laufen, den Wellen lauschen und die großen Ostseefähren bestaunen. Parken geht mit Blick aufs Meer am ausgewiesenen »Parkplatz Leuchtenfeld«. In der Saison kann es vor allem an Wochenenden eng werden, einen freien Platz zu finden.

Maximale Parkdauer: keine Begrenzung
Parkgebühren: 8 €/Tag
Toiletten: keine
Adresse: Außenallee 6, Travemünde
GEO-Koordinaten: 53°57'38.6"N 10°52'39.1"E

UM DIE ECKE

Vorräte aufstocken
Haferkorn Alles, was das Herz begehrt, sogar Brötchen gibt's im Bioladen Haferkorn im Herzen von Travemünde.
Jahrmarktstraße 1

Hier schmeckt's gut
Fischkombüse Frischer Fisch in frischen Brötchen und auf dem Teller. Wenn man noch eine Hand frei hat, kann man den an- und ablegenden Fähren zuwinken.
Vorderreihe 12 // www.facebook.com/Fischkombüse-167963503219212

VON HIER AUS ENTDECKEN

Flaniermeile mit Ostseeblick
Auf 1,7 km erstreckt sich die angeblich schönste Flaniermeile Schleswig-Holsteins. Spätestens beim Blick auf die Lübecker Bucht, die Schiffe und den Fischereihafen in Kombination mit einer salziger Brise um die Nase stellt sich ein maritimes Freiheitsgefühl ein.
Strandpromenade

Wildes Travemünde
Allein für diese ungemein reizvolle Wanderung am Naturstrand und am hohen Brodtener Steilufer entlang nach Niendorf lohnt es sich, nach Travemünde zu fahren. Geh bis zum nördlichen Ende der befestigten Promenade, nach dem Yacht Club triffst du auf den Naturstrand und genießt nach ein paar Hundert Metern die wilde Natur und den weiten Blick auf die Ostsee. Als Belohnung winkt in den Fischbratereien in Niendorfs Hafen frischer Fisch satt!
www.brodtener-ufer.de // www.niendorf-ostsee.de

ROSTOCK

Hanseatisch traditionsbewusst, dennoch weltoffen, bunt und sympathisch – so präsentiert sich die Hafen- und Universitätsstadt an der Ostsee. 800 Jahre Geschichte sind in Rostocks Altstadt so lebendig wie das hippe Lebensgefühl im Szeneviertel KTV. Rapper Marteria ist hier zuhause und hat seiner Heimatstadt sogar einen eigenen Song gewidmet. Das Meer mit seinen superlangen Sandstränden ist zum Greifen nahe. Viel Wasser, viel Natur und vielfältiges urbanes Leben – wenn du all das liebst, dann ist Rostock deine Stadt. Ob mit dem SUP auf Altstadt-Tour oder mit dem Van auf Deutschlands schönstem Surffestival.

AM UFER DER WARNOW

❶ Am »Parkplatz Zur Warnow« am östlichen Warnowufer kannst du am ausgemusterten Fähranleger direkt am Wasser stehen, wenn du es ruhig magst. Restaurants und Cafés befinden sich aber fast alle am anderen Flussufer. Dafür kannst du am kleinen Flussstrand nicht weit vom Stellplatz baden und den Blick auf die Stadt genießen.

Maximale Parkdauer: 1–2 Nächte
Parkgebühren: keine
Toiletten: keine
Adresse: östliches Warnowufer
GEO-Koordinaten: 54°07'48.2"N 12°05'57.5"E

UM DIE ECKE

Vorräte aufstocken
Edeka Gelsdorf Schulstraße 5

Hier schmeckt's gut
Fischbratküche am Fischmarkt Frischer Fisch zur Mittagszeit neben der Fischhalle genau am Warnowufer gegenüber, nur mit SUP gut erreichbar. Warnowpier 431 // www.rostocker-fischmarkt.de

VON HIER AUS ENTDECKEN

Rostock auf dem Wasser erleben
Auf der Warnow kann man von Gehlsdorf aus prima in die Altstadt paddeln.

NAH AM ZENTRUM AM BARNSDORFER WALD

❷ Joggingrunde im Rostocker Stadtwald oder Rostocks Nachtleben erleben. Vom »Parkplatz Tiergartenallee« kannst du beide Aktivitäten miteinander verbinden. Der Platz liegt nah an der Straße, aber so gut versteckt, dass er selbst bei Einheimischen wenig bekannt ist.

Maximale Parkdauer: 1 Nacht
Parkgebühren: keine
Toiletten: keine
Adresse: Tiergartenallee am Waldrand
GEO-Koordinaten: 54°04'48.3"N 12°06'01.7"E

UM DIE ECKE

Vorräte aufstocken
Lidl Sortiment wegen Uni-Nähe besonders auf junge Leute abgestimmt. Satower Straße 7

Bild links: Rostocks schönster Stadtteil ist Warnemünde und liegt am Meer.

Hier schmeckt's gut

Vegangster Veganer Imbiss & Take-Away im Szeneviertel mit einfallsreichen Gerichten. Garantiert fleischfrei.
Waldemarstraße 12 // www.facebook.com/vegangsterrostock

Auf einen Drink

Klock 8/LT Club Vom preiswerten Mittagstisch bis zum Cocktail gibt's hier alles. Rostocks beliebte Disco mit Dachterrasse und Grill ist direkt nebenan.
Tiergartenallee 1 // www.klock8.de
Tiergartenallee 2 // www.lt-club.de

AM WERFTDREIECK IM HERZEN DER STADT

❸ Auf dem belebten Stellplatz am Werftdreieck, eine Brachfläche im Herzen Rostocks, findet jeder ein passendes Plätzchen. Stadthafen und Szeneviertel sind von hier schnell zu erreichen.

WAS CAMPER HIER WISSEN MÜSSEN

Das Urlaubsparadies Ostsee ist sehr beliebt, sodass das freistehende Campen in den Sommermonaten an den Küstenabschnitten ziemlich überhand genommen hat, mit der Folge, dass nun in der Stadt häufiger kontrolliert wird. Deshalb ist besonders wichtig, beim freien Stehen jegliche Art von Campingverhalten zu unterlassen und respektvoll mit Anwohnern und Natur umzugehen.

Maximale Parkdauer: 1–2 Nächte
Parkgebühren: keine
Toilette: im Einkaufscenter gegenüber für 0,50 €
Adresse: Werftstraße
GEO-Koordinaten: 54°05'38.4"N 12°06'19.0"E

UM DIE ECKE

Vorräte aufstocken

Neptun Einkaufscenter In einer alten Werfthalle mit Edeka, Aldi und Bäckerei.
Werftstraße 50

Zeit für einen Kaffee

Törtchenlokal Waldenberger Torten und Törtchen – auch vegane – sind eine Wucht und das Ambiente ebenfalls.
Waldemarstraße 52 // www.waldenberger.org

Hier schmeckt's gut

Warmbad Gemütliche Kneipe mit leckerem Essen, bei Studierenden beliebt.
Niklotstraße 2

Restaurant Käthe Kuchen und originelle Küche – hier kann man sich rundum wohlfühlen.
Barnstorfer Weg 10 // www.restaurant-kaethe.de

Auf einen Drink

Freigarten im Peter-Weiß-Haus Im schönen Biergarten kannst du dich über die Aktivitäten dieses soziokulturellen Projekts informieren.
Doberaner Str. 21 // 18057 Rostock // www.facebook.com/freigarten/

Rost Dock Szene-Bar aus Überseecontainern direkt am Stadthafen.
Warnowufer 65 // www.rost-dock.de

CAMPING-SPOTS

VON HIER AUS ENTDECKEN

Backsteingotik und bunte Giebelhäuser
Zu Fuß bist du schnell in der nördlichen Altstadt und kannst bei einem Bummel durch die Fußgängerzone Kröpeliner Straße die farbenfrohen Häuserfassaden aus verschiedenen Epochen bestaunen, insbesondere die für Rostock typische Backsteingotik aus der Zeit der Hanse wie z.B. das Haus der Stadtbibliothek. Weitere markante Beispiele findest du in der Wokrenter Straße, so das Hausbaumhaus oder das Kerkhofhaus an der Pümperstraße.

Chillen am Rostocker Stadthafen
Rostocks Stadthafen ist in den Sommermonaten der Treffpunkt der Locals zum Flanieren, Grillen oder Chillen. Mit Blick auf die Warnow herrscht hier besonders abends reges Treiben.
Am Strande

REINSCHAUEN LOHNT SICH

Um den Alten Markt

Auf der Anhöhe rings um den Alten Markt, der Keimzelle Rostocks, gibt es viel Historisches zu entdecken wie das Kuhtor, den Lagebuschturm und die alte Stadtmauer. Ein Highlight ist der Rundblick vom Turm der Petrikirche. Die 4 Euro für die Fahrstuhlfahrt sind eine lohnende Investition, die mit einem Panoramablick bis Warnemünde belohnt wird.

Alter Markt 1 // www.petrikirche-rostock.de

Eisbrecher Stephan Jantzen

Als größtes Schiff im Rostocker Stadthafen ist der Eisbrecher Stephan Jantzen kaum zu übersehen. Bei einer Führung kann man viel über die Arbeit eines Eisbrechers erfahren

Kempowski-Ufer, LP, Stadthafen 83E // www.technische-flotte-rostock.de

Rostock vom Wasser aus

Bei so viel Wasser in und um Rostock bietet es sich geradezu an, die Stadt vom Wasser aus zu entdecken. Wenn du kein SUP oder Boot hast, kannst du eines bei DoYours ausleihen bzw. bei »Stadtpaddeln« eine geführte Kajak-Tour buchen – von der zweistündigen Stadthafentour bis zur anspruchsvollen Seehafen-Ostseetour.

Stadthafen Rostock // Am Strande bis Warnowufer

SUP Verleih: Gaffelschonerweg 6 // www.doyours-sup.de/sup-verleih-rostock

Stadtpaddeln: www.stadtpaddeln-rostock.de

Wandern und Radfahren in der Rostocker Heide

60 km Rad- und Wanderwege, artenreiche Tier- und Pflanzenwelt – all das findet man im 6000 ha großen Rostocker Küstenwald. Ein schönes Ausflugsziel ist die Ausflugsgaststätte Schnatermann. Mit dem Rad kann man das kleine Seebad Markgrafenheide ansteuern und in der Strandoase einen Kaffee trinken. Auch eine Heiderundfahrt mit dem Heckraddampfer von Warnemünde aus hat ihren Reiz.

Waldgaststätte: Schnatermann 1 // www.schnatermann-rostock.de
www.rostock-markgrafenheide.de //
www.warnow-personenschifffahrt.de

Neuer Markt und Kröpeliner Straße

Ein Hingucker ist das Rathaus am Neuen Markt mit seinen sieben gotischen Türmchen und seinem pinkfarbenen, barocken Vorbau. Hier ist das Zentrum Rostocks, von hier geht auch die Einkaufsmeile Kröpeliner Straße ab, die zum Kröpeliner Tor führt. Der Pornobrunnen auf halbem Weg heißt eigentlich Brunnen der Lebensfreude, wegen der nackten Skulpturen hat sich aber dieser Spitznamen eingebürgert. Hinter dem Tor beginnt das KTV, das ehemalige Arbeiterviertel ist heute angesagtes Szeneviertel mit vielen Bars, Kneipen und kleinen Läden zwischen Doberaner Platz und dem Margaretenplatz.

WO DIE MASTEN IM WIND SCHWINGEN

❹ Rostocks attraktivster Stadtteil heißt Warnemünde und liegt direkt am Meer. Mit seinen Sandstränden, dem prominenten Leuchtturm und der bunten Flaniermeile am Alten Strom ist das Seebad ein Magnet für Urlauber, sprich – in der Saison recht voll. Zum »Parkplatz Hohe Düne« am Yachthafen Hohe Düne musst du von Warnemünde mit der Fähre zum rechten Warnowufer übersetzen (5 Minuten) und bist dann gleich da. Die Lage könnte nicht besser sein, der kilometerlange Sandstrand Hohe Düne beginnt direkt nebenan.

Maximale Parkdauer: 1 Nacht
Parkgebühren: 9 € / 24 Std.
Toiletten: keine
Adresse: Am Yachthafen, Hohe Düne
GEO-Koordinaten: 54°10'40.7"N 12°06'02.6"E

UM DIE ECKE

Zeit für einen Kaffee

Beachhouse Warnemünde In dieser Strandbar der Surfschule Supreme Surf kannst du beim Capuccino Surfern oder SUP-Paddlern zuschauen oder selbst surfen.
Strandaufgang 11 // www.facebook.com/beachhousewarnemuende

Hier schmeckt's gut

Twee Linden Bärenhunger brauchst du für die Portionen der gutbürgerlichen Gerichte mit maritimem Einschlag.
Am Strom 85 // www.tweelinden.de

Auf einen Drink

Klönstuv Warnemünde Frischgezapftes Pils und eine gepflegte Whisky-, Gin- und Rumauswahl in uriger Atmosphäre – hier geht keiner durstig raus.
Am Leuchtturm 18 // www.kloenstuv.de

VON HIER AUS ENTDECKEN

Schlendern am Alten Strom

Bis vor 100 Jahren war der Alte Strom noch der einzige Schifffahrtsweg in den Rostocker Hafen. Heute liegen hier vor allem Fischkutter und Fahrgastschiffe vor Anker. Hier kannst du den Fischern beim Fischeputzen zuschauen und Fischbrötchen vom Kutter futtern.

Die Robben von Hohe Düne

Im Hafen Hohe Düne wird im MSC Marine Science Robbenforschungszentrum die Wahrnehmung und Orientierung von Robben erforscht. Vom Sonnendeck des Institutsschiffs kann man im Sommer bei den Trainings der neun Meeressäuger zuschauen.
Am Yachthafen 3a // msc-mv.de

OSTEN

BERLIN

Wohl keine andere deutsche Stadt demonstriert so eindrücklich, dass alles stetig im Wandel begriffen ist wie Deutschlands multikulturelle Hauptstadt. Über die Jahre hat Berlin seinen Charme und die Magie, die so viele Menschen aus aller Welt anlocken, erhalten. Von all den Orten, die wir auf unseren Reisen entdecken durften, ist Berlin nach wie vor einer der facettenreichsten. Hier kannst du jeden Tag ein anderes Leben leben, auf den Spuren der Geschichte wandeln, in die Musikszene eintauchen, dich durch die Küchen aller Länder schlemmen und eine Atmosphäre erleben, die von Offenheit und Toleranz geprägt ist.

MITTEN IM HISTORISCHEN HERZEN BERLINS

❶ Der Park am Nordbahnhof liegt in Nähe der Gedenkstätte Berliner Mauer in Berlin-Mitte und erstreckt sich über etwa 1 km entlang der Gartenstraße. Hier kannst du in Berlin-Mitte eine Nacht verbringen. Die Straße ist tagsüber mäßig befahren. Die S-Bahn-, Tram- und Bus-Station Nordbahnhof ist nur einen Katzensprung entfernt, ebenso wie viele Sehenswürdigkeiten, Cafés und Restaurants.

Maximale Parkdauer: keine Begrenzung
Parkgebühren: keine
Toilette: keine
Adresse: Gartenstraße, am Park
Geo-Koordinaten: 52°32'10.3"N 13°23'03.0"E

UM DIE ECKE

Vorräte aufstocken

Edeka Quer durch den Park und immer gerade aus erreicht man den kleinen, aber gut sortierten Laden.
Chausseestraße 43

Zeit für einen Kaffee

Distrikt Coffee Guter Kaffee, Smoothies, Bagels, Toasts – und das den ganzen Tag.
Bergstraße 68 // www.distriktcoffee.de

Oslo Kaffeebar Stylishes Café mit Kafferösterei, der Fokus liegt auf Qualität.
Eichendorffstraße 13 // www.oslokaffebar.com

Hier schmeckt's gut

Tommi's Burger Joint Kultige Burger-Kette, Tommi's reiht sich mit Biofleisch und Burgervariationen für uns ganz oben ein.
Invalidenstraße 160 // www.tommis.is

Papà Pane di Sorrento Pizzabäcker, der auch hausgemachte Nudeln mit Liebe zubereitet.
Ackerstraße 23 // www.papapane.de

Auf einen Drink

BrewDog Berlin Mitte Wer einen »Elvis Juice« dem »Dead Pony Club« vorzieht, oder doch das Daily Draft nimmt, ist hier richtig. Snacks und Pizza gibt's ebenfalls.
Ackerstraße 29 // www.brewdog.com

Bild links: Was tut man nicht alles, um für ein Foto am Mauerpark zu posieren.

WAS CAMPER HIER WISSEN MÜSSEN

Die Camping-Spots, die wir mit dir teilen, sind meist kostenlos und nicht offiziell als Stellplätze ausgewiesen. Vieles wird in Berlin geduldet, solange du dich achtsam und respektvoll verhältst. Auch wenn es keine offizielle Parkdauer gibt, dient es uns allen, wenn wir uns als Camper in urbanen Gegenden so unauffällig wie möglich verhalten. Achtung: Es gibt einige Stellplatz-Möglichkeiten in Kreuzberg und am Treptower Park, an denen Camper ausgeraubt wurden. Generell gilt für uns die Faustregel: Wenn wir uns nicht wohlfühlen, fahren wir weiter.

VON HIER AUS ENTDECKEN

Ein Spaziergang entlang der Gedenkstätte Berliner Mauer
Gehst du die Gartenstraße in Richtung Nordbahnhof hinunter und biegst links auf die Bernauer Straße ab, erreichst du die Gedenkstätte Berliner Mauer. Auf knapp 1,5 km Länge kannst du vieles über die Zeit vom Mauerbau bis zum Mauerfall erfahren.
Gedenkstätte Berliner Mauer // Bernauer Str. 111 // www.berliner-mauer-gedenkstaette.de

Ein Sonntag im Mauerpark
Am Ende des Mauerwegs angekommen, liegt gegenüber an der Bernauer Straße der Mauerpark. Eine echte Institution ist der Flohmarkt, der jeden Sonntag im Park stattfindet. Berliner und Touristen strömen hierher, um nach Vintage-Kleidung, Antiquitäten und Kunst zu stöbern, Karaoke im Amphitheater zu erleben oder einfach nur das bunte Treiben zu beobachten. Schlendere auch mal die Oderbergerstraße mit ihren bunten Cafés und Restaurants entlang, um rechts in die Kastanienallee einzubiegen: In der Nr. 77, dem ältesten Haus in Prenzlauer Berg, befindet sich heute das als Kollektiv betriebene Lichtblick-Kino mit nur 32 Plätzen.
Flohmarkt im Mauerpark // Bernauer Str. 63-64 // www.flohmarktimmauerpark.de

MULTIKULTI IM ROTEN WEDDING

❷ Dieser Spot liegt am Bootsverleih Plötzensee nahe dem Volkspark Rehberge. Die erste Zeit im Van haben wir hauptsächlich hier verbracht und uns immer sicher und wohl gefühlt. Abseits des Trubels ist dieser Platz verhältnismäßig ruhig und dank der nahegelegenen Haltestellen von S-/U-Bahn, Tram und Bus gut angebunden. Laue Sommerabende lässt du mit Blick auf den Kanal oder bei einem kühlen Getränk im Biergarten ausklingen. Auf der gegenüberliegenden Seeseite kannst du kostenlos baden, Mülleimer gibt es im Park.

Maximale Parkdauer: keine Begrenzung
Parkgebühren: keine
Toilette: Beim Bootsverleih während der Öffnungszeiten; 1 €
Adresse: Nordufer 23–24
Geo-Koordinaten: 52°32'29.0"N 13°19'57.0"E

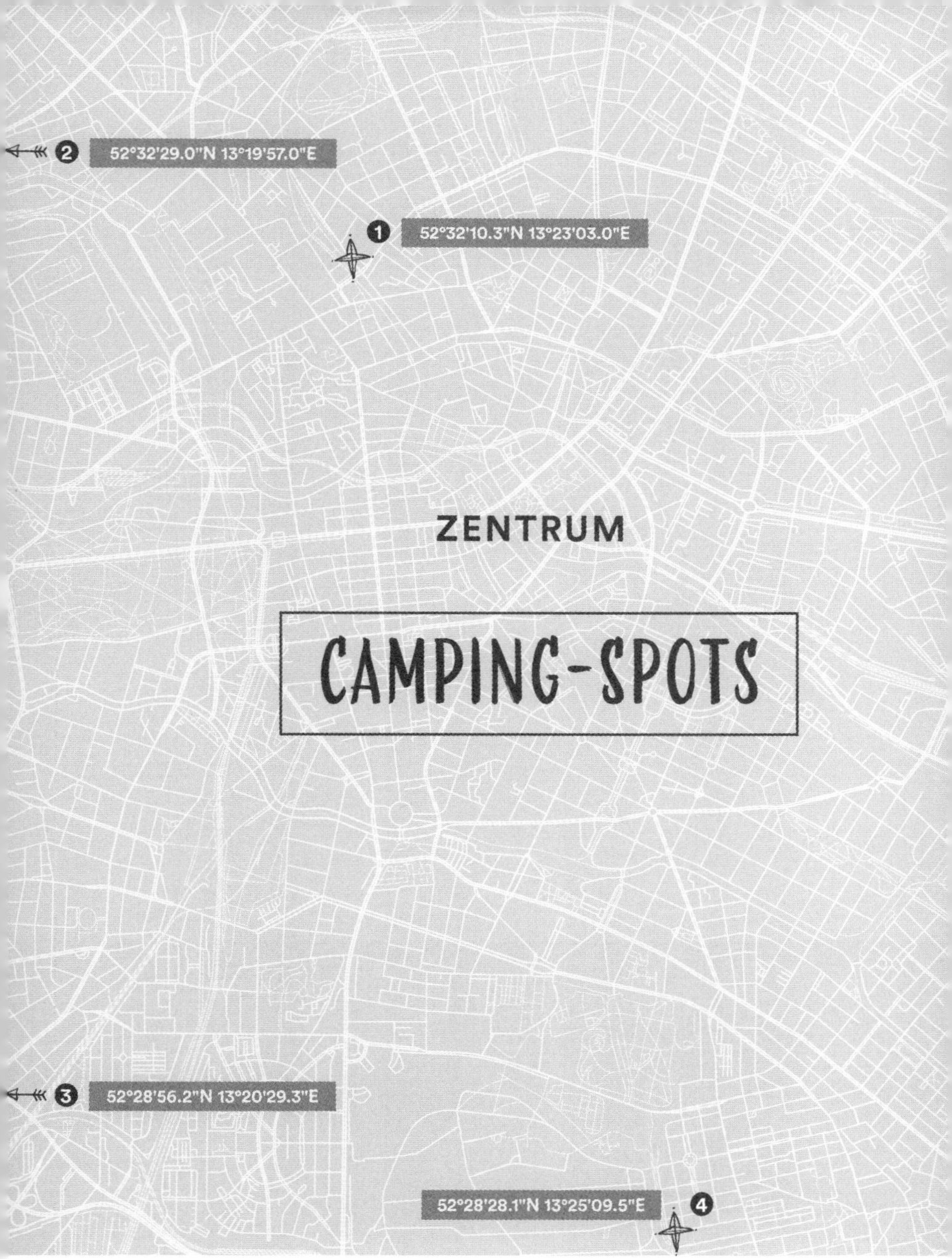

ZENTRUM

CAMPING-SPOTS

UM DIE ECKE

Vorräte aufstocken

Wochenmarkt Regional einkaufen auf dem kleinen Biomarkt Leopoldplatz oder vor allem nachmittags wirklich günstig auf dem quirligen multikulturellen Genter Wochenmarkt.

Leopoldplatz // Di/Fr 10–17 Uhr

Genter Straße 47 // Mi/Sa 9–16 Uhr

CittiPoint Einkaufszentrum mit Rewe, Bio Company und gut sortiertem Asien-Supermarkt.
Müllerstraße 141 // www.cittipoint-berlin.de

Zeit für einen Kaffee

Café kleine Mensa Stimmungsvolles Café mit feinen Kuchen und Frühstück.
Triftstraße 58 // www.facebook.com/kleinemensa

Café Wachmacher Hausgemachte Kuchen, belegte Bagel in gemütlichem Ambiente mit No Plastic Policy.
Seestraße 108 // www.instagram.com/wachmacher_official

Hier schmeckt's gut

Don Pasquale Trattoria mit guter italienischer Küche – hier fühlst du dich fast wie zu Hause.
Triftstraße 38 // www.facebook.com/Don-Pasquale-243873232419195

Stranero Im großen Gastraum wird neapolitanische Pizza mit fluffigem, dicken Rand serviert.
Liebenwalder Straße 11 // www.facebook.com/straneroberlin

Cozymazu In dem taiwanesischen Teehaus und Bistro kann man der traditionellen chinesischen Teekultur frönen. Serviert werden feine vegetarische oder vegane Gerichte.
Sprengelstraße 39 // www.facebook.com/pg/Cozymazu

Auf einen Drink

Eschenbräu Urige Hausbrauerei mit rustikalem Ambiente mit Biergarten im Hinterhof.
Triftstr. 67 // www.eschenbraeu.de

Basalt Cocktailbar In der botanisch inspiriert designten Bar im Leopoldkiez kann man stilvoll abstürzen.
Utrechter Str. 38 // www.facebook.com/basaltberlin

Gärtnertipps austauschen im Gemeinschaftsgarten Himmelbeet

VON HIER AUS ENTDECKEN

Spaziergang in den Sprengelkiez
Folgst du dem Nordufer knapp 2 km Richtung Osten bis zum Pekinger Platz, gelangst du durch den Sprengelpark zum Sprengelkiez. Nach der ersten Gentrifizierungswelle ist nicht mehr viel Unkonventionelles übriggeblieben. Dennoch findet man hier einige nette kleine Cafés, Bioläden und Restaurants.
Sprengelkiez // Karree Torf-, Trift-, Sprengel- und Tegeler Straße

Himmelbeet – eine grüne Oase
In dem urbanen Gemeinschaftsgarten gegenüber der Neuen Nazarethkirche werden selbst gemachte Limonaden und Kuchen sowie kleine Gerichte angeboten. Ein guter Ort, um zwischen duftenden Kräutern und Blumen die Seele baumeln zu lassen. Das beste Eis weit und breit mit natürlichem Geschmack und ohne Farbstoffe gibt's in der Eismanufaktur am Platz gegenüber.
himmelbeet Gemeinschaftsgarten // Ruheplatzstraße 12 // www.himmelbeet.de
Eismanufaktur // Maxstraße 11 // www.eismanufaktur-berlin.de

SCHÖNEBERGER LEBENSGEFÜHL

❸ Im gutsituierten Schöneberg findest du direkt am Rudolph-Wilde-Park entlang der Straße Parkmöglichkeiten. Abgesehen von den Joggern, die sich morgens und abends auf den Weg in Richtung Park machen, ist dieser Spot ruhig und auch schattig. Viele Anwohner sonnen sich im Park auf ihren Picknickdecken. Vom U-Bahnhof Rathaus

Der goldene Hirsch wacht über den Rudolph-Wilde-Park.

Schöneberg aus ist es nur einen Katzensprung in das bunte Viertel zwischen Zen-Anhängern und Lifestyle.
Maximale Parkdauer: keine Begrenzung
Parkgebühren: keine
Toilette: City Toilette, Kufsteiner Straße 68, 4 Min. Fußweg die Straße runter am Parkcafé Pusteblume; 0,50 €
Adresse: Fritz-Elsas-Straße 15
GEO-Koordinaten: 52°28'56.2"N 13°20'29.3"E

UM DIE ECKE

Vorräte aufstocken
Nahkauf Oelmann // Badensche Str. 56
Lidl // im U-Bahnhof Innsbrucker Platz

Zeit für einen Kaffee
Laax Kiosk mit Tischen und Stühlen zauberhaft am Park gelegen. Neben Kaffee, Brötchen oder Kuchen, gibt's Smoothies und frische Säfte.
Fritz-Elsas-Straße 30 // www.facebook.com/www.laax.berlin

Double Eye Hervorragender Kaffee, frische Pastel de Nata und Croissants zum Mitnehmen oder, um es vor dem Laden zu genießen.
Akazienstraße 22 // www.doubleeye.de

Hier schmeckt's gut

Eivgi's Orientalische Spezialitäten Koschere Falafel und andere Gerichte.
Belziger Str. 75 // www.eivgis.com

Chay Village Vegetarische vietnamesische Küche, oberlecker und empfehlenswert.
Eisenacher Straße 40 // www.chay village.de

Auf einen Drink

Weinverein In der gemütlichen Weinbar gibt's auch passende Leckereien.
Leuthener Straße 5 // www.weinverein.berlin

VON HIER AUS ENTDECKEN

Street-Art in der Bülowstraße

Mit der U4 ab Rathaus Schöneberg, die unterhalb der Carl-Zuckmayer-Brücke abfährt, erreichst du in wenigen Minuten den Nollendorfplatz, wo die Schwulenszene Schönebergs zu Hause ist. Von hier aus kannst du auf einigen Hauswänden Street-Art-Kunstwerke bestaunen. Ein Highlight ist dabei das Urban Nation Museum for Urban Contemporary Art, eine tolle Alternative zum klassischen Museumsbesuch.
Museum: Bülowstraße 7 // www.urban-nation.com

Rund um den Wochenmarkt Winterfeldtplatz

Der Spaziergang zum Winterfeldtplatz führt über die Belziger Straße, Akazien- und Goltzstraße. Auf dem Weg begegnet man dem Inbegriff des Schöneberger Lebensgefühls – schicke Lokale, Feinkost-, Wein-, Mode- und Buchläden. Berlins bekanntester Wochenmarkt mit Schlemmermeile am Winterfeldtplatz zieht entsprechend viele Besucher an, danach trifft man sich in den Cafés und Bistros am Nordende des Platzes.
Winterfeldtplatz // www.winterfeldt platz.winterfeldt-markt.de // Mi 8–14, Sa 8–16 Uhr

Am Nollendorfplatz ist die Gay-Szene unter ihresgleichen.

Sightseeing mit den Buslinien 100 und 200

Am besten mit dem Bus 100 vom Zoologischen Garten bis zum Alexanderplatz und mit dem 200er zurück, da der Streckenverlauf nicht identisch ist: Vom Doppeldecker hast du top Aussicht auf viele Berliner Sehenswürdigkeiten.
Ticket AB: 3 Euro pro Fahrt // www.bvg.de

Auf der Museumsinsel

Nicht nur das Ethnologische und das Asiatische Museum haben im Humboldt-Forum Einzug gehalten, du findest hier auch Exponate aus dem alten Schloss, moderne Kunst, Gastronomie und Shops. Auch von außen ist der neue Kulturtempel beeindruckend. Hinter dem Dom auf der anderen Straßenseite liegt die Alte Nationalgalerie und die moderne James-Simon-Galerie. Sie dient als Besucherzentrum für das Alte und Neue Museum, Pergamon- und Bode-Museum. Am besten vorab ein Zeitfenster-Ticket buchen.
Humboldt-Forum // Schloßplatz // www.humboldtforum.org
James-Simon-Galerie // Bodestraße // www.smb.museum

Ein Spaziergang rund um den Potsdamer Platz

Im Kulturforum hast du die Wahl zwischen der 1000 Werke umfassenden Gemäldegalerie, Kunstbibliothek und Kunstgewerbemuseum. Von den Stufen vor dem Kulturforum aus eröffnet sich im Sommerkino ein toller Blick auf das nachts illuminierte Sony Center und die Staatsbibliothek. Der Mies-van-der-Rohe-Bau linker Hand beherbergt die Neue Nationalgalerie, die in Kürze wiedereröffnet wird. Rechts daneben befindet sich der zeltartig geschwungene Bau der Philharmonie. Wie diese ist auch das Sony Center mit seiner modernen Dachkonstruktion ein Hingucker.
Kulturforum // Matthäikirchplatz 6 // www.smb.museum
Neue Nationalgalerie // Potsdamer Straße 50 // www.smb.museum
Philharmonie // Herbert-von-Karajan-Straße 1 // www.berliner-philharmoniker.de
www.potsdamerplatz.de

REINSCHAUEN LOHNT SICH

Geheimtipp DDR-Geschichte

In der Ausreisehalle der Grenzübergangsstelle am Bahnhof Friedrichstraße im ehemaligen Ost-Berlin befindet sich eine kostenlose Dauerausstellung, die einen Einblick in das geteilte Deutschland gewährt. Genauso sehenswert ist die Ausstellung zum Alltag in der DDR im Museum in der Kulturbrauerei – beides von der Stiftung Haus der Geschichte der BRD.

Tränenpalast // Reichstagufer 17 // Berlin-Mitte // www.hdg.de
Museum in der Kulturbrauerei // Knaackstraße 97 // Prenzlauer Berg // www.hdg.de

Die Markthalle Neun in Kreuzberg

Die Markthalle steht für gute Lebensmittel, für Gemeinschaft, Kunst und Kultur. Auch Schlemmen kann man dort in der Kantine 9 (tgl. 12–18 Uhr) und donnerstags beim rappelvollen Street Food Market (ab 17 Uhr).

Markthalle Neun // Eisenbahnstraße 42/43 // www.markthalleneun.de

Künstler-Refugium in Mitte entdecken

Durch den unscheinbaren Torbogen der Torstraße 111 betrittst du einen nichtkommerziellen zeitgenössischen Ort der Kunst. Auf dem allein schon sehenswerten Gelände finden zahlreiche Ausstellungen statt.

Torstraße 111 // www.torstrasse111.de

Toller Ausblick vom Klunkerkranich

Über den Dächern Neuköllns kannst du nicht nur auf Partys tanzen, sondern auch einfach auf einen Kaffee oder einen Drink vorbeikommen. Toller Rundumblick auf Neukölln und Kreuzberg.

Klunkerkranich // Neukölln Arkaden, Parkdeck 5 // Karl-Marx-Straße 66 // www.klunkerkranich.org

IN NEUKÖLLN FREIHEIT SCHNUPPERN

❹ Zugegebenermaßen gibt es ruhigere Stellplätze in Berlin, aber wohl nur wenige sind so angesagt wie dieser am Rande des Tempelhofer Felds in Neukölln. Die riesige Freifläche gehörte früher zum Flughafen Tempelhof und dient heute als urbanes Erholungsgelände. An das ehemalige Rollfeld grenzt der Schillerkiez an, momentan einer der hippsten Kieze Berlins.

Maximale Parkdauer: keine Begrenzung
Parkgebühren: keine
Toilette: gleich hinter dem Eingang Herrfurthstraße im Park, nur zu den Öffnungszeiten zugänglich; 3 Min.
Adresse: Oderstraße, Neukölln
Geo-Koordinaten: 52°28'28.1"N 13°25'09.5"E

UM DIE ECKE

Vorräte aufstocken

Edeka Wüst // Herrfurthplatz 12

Schillermarkt Angenehmer Kiez-Wochenmarkt rund um die Kirche mit Bio- und konventionellen Lebensmitteln.
Herrfurthplatz // Sa 10–16 Uhr

Spätis Hier kannst du bis in die Nacht allerlei Kleinigkeiten einkaufen.
Fast an jeder Ecke im Schillerkiez

Zeit für einen Kaffee

Café Pappelreihe Kultiges Café mit internationalen Gerichten, das auch Ausstellungen veranstaltet.
Kienitzer Str. 109 // www.facebook.com/Cafe.Pappelreihe

21 gramm In den charmanten Räumlichkeiten einer ehemaligen Friedhofshalle kann man frühstücken oder abends ein Glas Wein trinken.
Hermannstraße 179 // www.21gramm.berlin

Hier schmeckt's gut

han west Mit Liebe zubereitete Dumplings für Veganer, Vegetarier und Fleischesser.
Selchower Straße 20 // www.hanwest.de

Auf einen Drink

Keith Bar Musikpub mit kultiger Wohnzimmeratmosphäre.
Schillerpromenade 2 // www.keithbarberlin.de

VON HIER AUS ENTDECKEN

Führung im Flughafengebäude
Das alte Flughafengebäude auf der gegenüberliegenden Seite des Tempelhofer Felds ist eines der größten Baudenkmäler Europas und wird heute für Sonderaufgaben genutzt, beispielsweise als Drehort für die beliebte Serie »Tribute von Panem«.
Flughafen Tempelhof // Platz der Luftbrücke 5, C2 // www.thf-berlin.de

Sonnenuntergang auf dem Tempelhofer Feld
Ob vom Hochsitz aus oder auf einer Bank aus Paletten in einem der Gemeinschaftsgärten – der Sonnenuntergang auf dem Tempelhofer Feld ist einmalig. Vorher kannst du dir im Sahara Imbiss eine sudanesische Leckerei und dazu die obligatorische Clubmate besorgen.
Herrfurthstraße 5 // www.saharaimbiss.de

POTSDAM

Verschnörkelte Architektur einer vergangenen Epoche trifft in der Hauptstadt Brandenburgs auf herrliche Natur und viel Wasser mittendurch und außen herum. Bei all den vielen historischen Bauten fühlen wir uns immer wieder in die Zeit der Friedrichs und Wilhelms zurückversetzt. Kaiser und Könige errichteten allein 16 Schlösser in den Gärten Potsdams, heute gehören sie wie auch das weltälteste Filmstudio in der Stadt zum Welterbe, 2019 wurde Potsdam zur UNESCO-Filmstadt ernannt.

ZENTRAL AM NEUEN PALAIS

❶ Der Stellplatz an der Universität Potsdam ist tagsüber gut besucht, abends kann man dort jedoch einen Parkplatz finden, nachts ist es ruhig. Der Spot ist auch für größere Camper geeignet. Er liegt direkt neben dem Park Sanssouci.

Maximale Parkdauer: 1 Nacht
Parkgebühren: 20 €/24 Std.
Toilette: gegenüber am Besucherzentrum, Neues Palais, 0,70 €
Adresse: Am Neuen Palais 10, Universitätsparkplatz
GEO-Koordinaten: 52°23'55.9"N 13°00'45.0"E

UM DIE ECKE

Vorräte aufstocken
Rewe // Haeckelstraße 30

Zeit für einen Kaffee
Restaurant und Café Drachenhaus
Gönn dir das stilvolle Ambiente drinnen oder auf der schönen Terrasse im Park Sanssouci. Das Essen ist gut, hat aber seinen Preis.
Maulbeerallee 4 // www.drachenhaus.de

VON HIER AUS ENTDECKEN

Lustwandeln im Park Sanssouci
Egal, ob du die Gartenkunst und das Schloss nur von außen bewundern oder eine Führung im Schloss buchen möchtest, die Anlage ist einen Besuch wert.
Maulbeerallee // www.spsg.de

WAS CAMPER HIER WISSEN MÜSSEN

Einen guten Spot in Potsdam zu finden, ist nicht einfach. In der Innenstadt sind die meisten Parkplätze gebührenpflichtig. Es gibt kaum Orte, an denen man unentdeckt und dennoch zentral stehen kann. In solchen Fällen pflegen wir, die Stadt abends wieder zu verlassen. Dafür existieren einige wenige Plätze, teils kostenpflichtige Spots, die du ansteuern kannst. Um deine Sicherheit brauchst du dir in Potsdam keine Sorgen machen, wichtig ist, wie immer, dich unauffällig und achtsam zu verhalten.

Bild links: Auch Potsdam hat ein Brandenburger Tor.

NAHE DEM KRONGUT BORNSTEDT

❷ Um entspannt und zentrumsnah zu stehen, kannst du diesen gebührenpflichtigen Stellplatz anfahren. Sanssouci ist in einer halben Stunde zu Fuß zu erreichen, Busse bringen dich in die Innenstadt.

Maximale Parkdauer: keine Begrenzung
Parkgebühren: 11 €/24 Std. inklusive Kurtaxe
Toiletten: keine
Adresse: Potsdamer Str. 196
GEO-Koordinaten: 52°24'48.0"N 13°01'44.1"E

UM DIE ECKE

Vorräte aufstocken
Aldi, Rewe, dm Mit großem Parkplatz.
Potsdamer Str. 177

REINSCHAUEN LOHNT SICH

Klein Hollywood im Filmpark Babelsberg
Saisonaler Freizeitpark mit Stunt-Shows, Film-Sets sowie ein 4D-Kino und den originalen Löwenzahn-Bauwagen von Peter Lustig.
Großbeerenstraße 200 // www.filmpark-babelsberg.de

Geschichtswissen im Schloss Cecilienhof auffrischen
Im Juli 1945 fand im Schloss Cecilienhof die Potsdamer Konferenz statt – Stalin, Trueman und Churchill berieten über das Schicksal Deutschlands. Das Schloss im englischen Landhausstil liegt im Neuen Garten am Heiligen See, 1,5 km von der Glienicker Brücke entfernt.
Im Neuen Garten 11 // www.spsg.de

Agentenaustauschbrücke
Zwischen den Schlössern Cecilienhof und Babelsberg verbindet die Glienicker Brücke Potsdam mit Berlin. Die Brücke ist Symbol der Teilung und der Wiedervereinigung. Berühmt wurde sie durch den Agentenaustausch zwischen den USA und der Sowjetunion während des Kalten Krieges.
Berliner Straße Richtung Berlin, B1 // www.potsdam.de/glienicker-bruecke

CAMPING-SPOTS

Zeit für einen Kaffee

Buena Vida Coffee Club Rösterei und Café, perfekt für eine Pause und um Kaffeevorräte aufzustocken.

Am Bassin 7 // www.buenavidacoffee.de

Hier schmeckt's gut

GenussWerkstatt Wohlfühlambiente auf der Rückseite des Filmmuseums, die Küche ist lobenswert.

Breite Straße 1a // www.genusswerkstatt-potsdam.de

Auf einen Drink

Bar-54 Nachmittags Café, abends klassische Drinks inmitten des beliebten holländischen Viertels.

Hebbelstraße 54 // www.bar-54.de

VON HIER AUS ENTDECKEN

Von der Schiffbauergasse bis zur Freundschaftsinsel

Zur Schiffbauergasse nimmst du die Tram 92 ab Haltestelle Kirschallee bis Nauener Tor. Auf dem Spaziergang durchs Holländische Viertel kannst du dich mit Käsekuchen oder regionalen Spezialitäten versorgen. Weiter geht's zum Kulturzentrum Waschhaus und Hans-Otto-Theater, das an der Mündung des Tiefen Sees in die Havel liegt. Der Weg zur Freundschaftsinsel führt teils am Ufer entlang, vorbei am Theaterschiff, Museum Fluxus und einer kleinen Marina über eine Fußgängerbrücke.

www.freundschaftsinsel-potsdam.de

DRESDEN

Die Landeshauptstadt von Sachsen liegt zwischen dem Osterzgebirge und dem Elbsandsteingebirge und bietet viel Lebensqualität: Was Dresden besonders auszeichnet, ist die einzigartige Mischung aus aufwendig restaurierten historischen Bauten, hippen Vierteln, spannenden Museen, die reizvolle Lage an der Elbe, die Weinberge und aufgeschlossene Menschen mit einer Portion Gelassenheit. Zudem kannst du in der Stadt aufgrund der überschaubaren Größe vieles zu Fuß oder mit dem Fahrrad erreichen. Der gut ausgebaute Elberadweg führt am Elbufer durch die Stadt. Wir laden dich ein, mit uns gemeinsam unser Dresden zu erkunden.

AM ELBUFER IN DER INNEREN NEUSTADT

❶ Dieser schattige Wohnmobilstellplatz ist ein zentraler Ausgangspunkt, um die Stadt zu erkunden. Hinter der Augustusbrücke steht am Elbufer das Japanische Palais, das die Senckenberg Naturhistorische Sammlungen Dresden und das Museum für Völkerkunde beherbergt. Am nahen Albertplatz kann man das Erich-Kästner-Museum besuchen. Auf der Südseite der Augustusbrücke breitet sich die berühmte Altstadt aus. Dort laden Zwinger, Museen und die Frauenkirche zu einem Besuch ein. Neben dem Stellplatz befindet sich die Location für die Filmnächte am Elbufer. Im Juli und August finden hier Open-Air-Konzerte und Filmvorführungen statt. Dann empfiehlt es sich, frühzeitig anzureisen. Unschlagbar an diesem Stellplatz ist der Brötchenservice von 7.30–9 Uhr. Außerdem gibt es eine Frischwasser- und Toilettenentsorgungsstation (jeweils 2 €). Der Platz ist für alle gängigen Wohnmobilgrößen befahrbar.

Maximale Parkdauer: keine Begrenzung
Parkgebühren: 17 €/Tag
Toilette: im 150 m entfernten Biergarten Augustusgarten
Adresse: Wiesentorstraße, Innere Neustadt
GEO-Koordinaten: 51°03'24.6"N 13°44'34.1"E

UM DIE ECKE

Vorräte aufstocken
Neustädter Markthalle Lebensmittel, Cafés und Kunst, alles an einem Ort.
Metzer Str. 1 // www.markthalle-dresden.de

Zeit für einen Kaffee
Café Oswaldz Zum Kaffee unbedingt den hausgebackenen Kuchen probieren.
Bautzner Str. 9 // www.oswaldz.de

Auf einen Drink
Augustusgarten Ein Bierchen mit Panoramablick, Essen gibt es auch und vor allem eine Toilette in Stellplatznähe.
Wiesentorstr. 2 // www.augustusgarten.de

Bild links: Beste Aussichten von der Frauenkirche auf die Stadt

VON HIER AUS ENTDECKEN

Semperoper
Das berühmte Opernhaus steht nicht nur für hochkarätige Vorstellungen, es ist auch ein architektonisches Meisterwerk. Bei einer Führung auch von innen zu besichtigen.
Theaterplatz 2 // www.semperoper-erleben.de

Frauenkirche
An der im Zweiten Weltkrieg zerstörten und seit 2005 wiederaufgebauten Frauenkirche kommt keiner vorbei. Sie ist ein Symbol der Friedensbewegung in Ostdeutschland und das Wahrzeichen der Stadt.
Neumarkt // www.frauenkirche-dresden.de

DIE ÄUßERE NEUSTADT – HIP, KULTIG, GELASSEN

❷ Die Äußere Neustadt mit ihren schönen Gründerzeitgebäuden ist heute das Szeneviertel Dresdens. Geparkt wird direkt am Bischofsweg, der nachts nicht stark befahren ist. Auf der einen Seite liegt der Alaunpark und auf der anderen die pulsierende Neustadt. Nur wenige Minuten vom Stellplatz entfernt findet man Boutiquen und Geschäfte und natürlich jede Menge Restaurants, Bars und Kneipen.
Maximale Parkdauer: 3 Nächte
Parkgebühren: 3 €/Tag
Toilette: am Alaunplatz, jederzeit zugänglich
Adresse: Bischofsweg, Äußere Neustadt
GEO-Koordinaten: 51°04'09.8"N 13°45'26.8"E

UM DIE ECKE

Vorräte aufstocken
Wochenmarkt Alaunplatz Hier kannst du regionale Produkte kaufen.
Alaunplatz // Do 9–17, Sa 8–13 Uhr

Zeit für einen Kaffee
Fräulein Lecker Name ist Programm, also einfach abschalten und frühstücken oder Torten und Kuchen schlemmen.
Bischofsweg 28 // www.fraeulein-lecker-dresden.de

Hier schmeckt's gut
Lila Soße Moderne deutsche Küche wird in Weckgläsern serviert und das in behaglichem Ambiente.
Alaunstr. 70, Kunsthofpassage // www.lilasosse.de

Auf einen Drink
Zapfanstalt Ob Lager, Keller-, Rot-, Bock- oder Fruchtbier, hier gibt's 20 Sorten vom Hahn. Herzhafte Burger oder Fingerfood am besten gleich dazu bestellen.
Sebnitzer Straße 15 // www.zapfanstalt.de

VON HIER AUS ENTDECKEN

Kunsthofpassage
Einer der schönsten Höfe in der Stadt vereint Kunst, Kunsthandwerk, Kultur, Kneipen, Wohnraum und tolle kleine Geschäfte unter einem gemeinsamen Dach.
Alaunstraße 70/Görlitzer Straße 21–25 // www.kunsthof-dresden.de

Garnisonkirche St. Martin
Diese ragt hinter neugebauten Häusern hervor, von innen beeindruckend und von außen perfekt für den nächsten

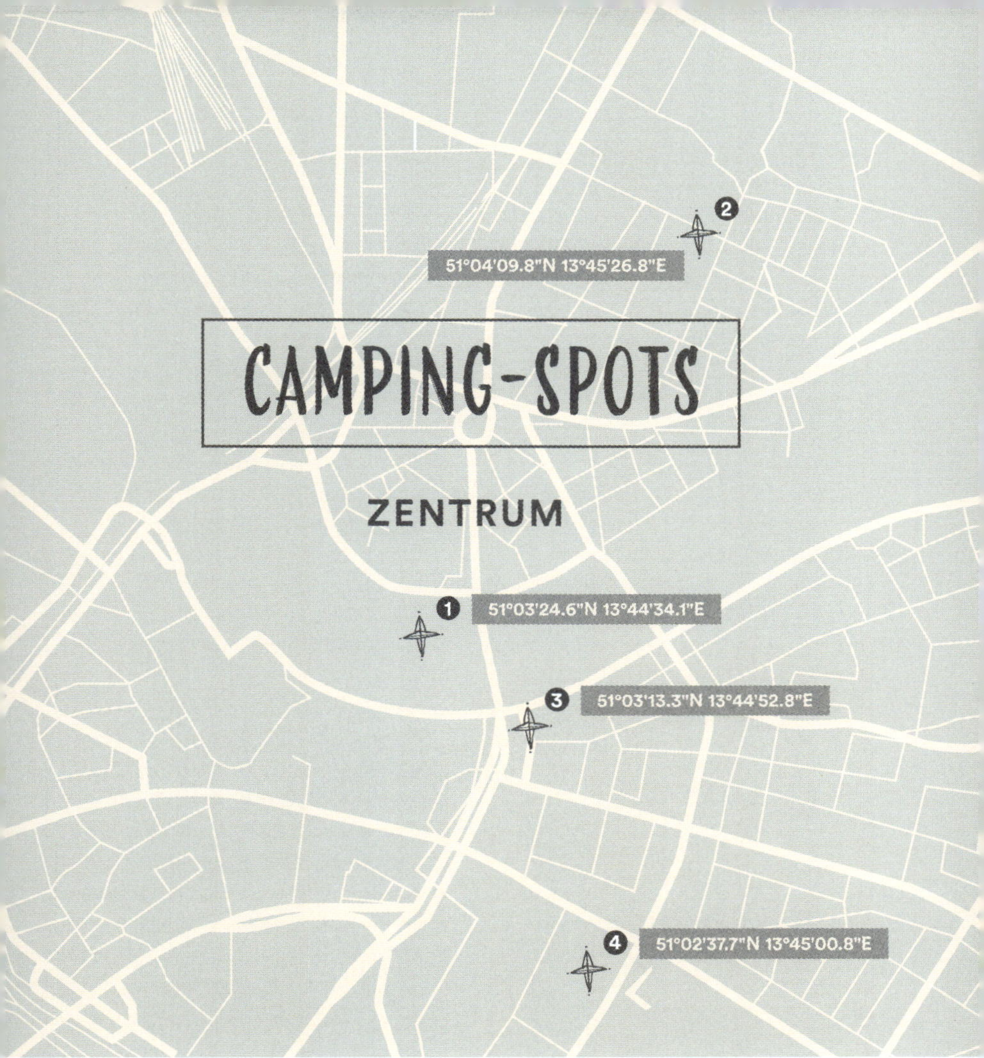

Instagram-Post. Sie wurde einst als Simultankirche mit getrennten Räumen für evangelische und katholische Militärangehörige gebaut.

Stauffenbergallee 9 G // www.st-martin-dresden.de

Militärhistorisches Museum
Spannendes Geschichtsmuseum, das sich als Forum für die Auseinandersetzung mit Militärgeschichte versteht. Absolut informativ und sehenswert.
Olbrichtplatz 2 // www.mhmbw.de

MARITIMES FEELING AM TERRASSENUFER DRESDEN

❸ Vor dir die Elbe, hinter dir die Brühlsche Terrasse: Von diesem wunderbaren architektonischen Ensemble aus erreicht man in nur wenigen Minuten die beiden bekannten Flussquerungen Carolabrücke und Augustusbrücke. Der öffentliche Parkplatz ist ein idealer Stellplatz für eine Tour durch die Altstadt. Neben dem Parkplatz befindet sich ein

Anleger der Sächsischen Dampfschifffahrt. Eine Schiffstour können wir sehr empfehlen, egal ob elbauf- oder abwärts. In der einen Richtung liegt Meißen und in der anderen Pillnitz und Pirna – beide sind gleichermaßen für ihre zauberhaften Altstädte bekannt.

Maximale Parkdauer: 3 Nächte
Parkgebühren: 6 €/Tag
Toilette: auf der gegenüberliegenden Straßenseite
Adresse: Parkplatz Carolabrücke, Terrassenufer
GEO-Koordinaten: 51°03'13.3"N 13°44'52.8"E

WAS CAMPER HIER WISSEN MÜSSEN

Die Dresdner sind freundlich und aufgeschlossen gegenüber Besuchern. Dennoch kann es manchmal zu sprachlichen Missverständnissen kommen. Als ich das erste Mal in Dresden nach dem Weg fragte, bin ich Stunden später angekommen, da auf meine Fragen oftmals »nu« (ausgesprochen nu mit einem kurzen u am Ende) geantwortet wurde. Dass »nu« »ja« bedeutet, wurde mir erst später klar – »nun« oder »jetzt« – habe ich gelernt – kann auch damit gemeint sein. Sagt ein Sachse »nie« meint er damit »nicht« oder »nein«.
Wenn du also fragst, ob das Übernachten hier erlaubt sei und du bekommst die Antwort »nu«, ist alles bestens. Alles klar?

UM DIE ECKE

Zeit für einen Kaffee

Kuchenatelier Ein Paradies für alle, die Kuchen und Gebäck lieben. Unbedingt probieren: Eierschecke, ein Dresdner Kulturgut.

Ringstraße 1 // www.kuchenatelier.com

Hier schmeckt's gut

Radeberger Spezialausschank Regionale Köstlichkeiten und große Bierauswahl mit Blick auf die Elbe.

Terrassenufer 1 // www.radeberger-spezialausschank.de

VON HIER AUS ENTDECKEN

Neues Grünes Gewölbe

Über 1000 unschätzbar kostbare Einzelstücke aus Gold und Silber und Elfenbein kunstvoll verziert mit Diamanten, Rubinen, Smaragden, Saphiren und Korallen sind eigentlich gut gesichert hinter Glas in der weltberühmten Kunstsammlung zu bewundern, außerdem ein Kirschkern, in den über 100 Gesichter geschnitzt sind. Dennoch gelang es 2019 dreisten Dieben in einem spektakulären Kunstraub Juwelen und Kunstobjekte im Wert von einer Milliarde Euro zu stehlen.

Residenzschloss // Taschenberg 2 // www.gruenes-gewoelbe.skd.museum

Skulpturensammlung ab 1800 und die Galerie Neue Meister

Zu sehen sind Malerei und Skulpturen von der Romantik bis zur Gegenwart in beeindruckender Architektur, atemberaubend schön nicht nur für kunstgeschichtlich Interessierte.

Albertinum // Tzschirnerplatz 2 // www.albertinum.skd.museum

JOGGEN UND CHILLEN AM GROßEN GARTEN

4 Dieser Stellplatz in Parknähe befindet sich auf einem öffentlichen Parkplatz. Er liegt etwas dezentral, ist dafür aber schön ruhig. Gegenüber befindet sich ein Hallenbad mit Sauna, ideal, wenn man keine Dusche im Van hat. Auf der anderen Straßenseite erstreckt sich der barocke Große Garten mit Parkeisenbahn und Zoo, wo man gut joggen oder spazieren gehen kann. Freitags findet ein Wochenmarkt auf einem Teil des Parkplatzes statt, wo man frische Lebensmittel direkt von den Produzenten kaufen kann.

Maximale Parkdauer: 3 Nächte
Parkgebühren: 3 €/Tag
Toilette: keine
Adresse: Lingnerallee 3A, Altstadt
GEO-Koordinaten: 51°02'37.7"N 13°45'00.8"E

UM DIE ECKE

Vorräte aufstocken

Einkaufszentrum SP1 Hier findest du Supermarkt, Biomarkt, Drogerie und Geschäfte des täglichen Bedarfs.
Straßburger Platz 1 // www.sp1-dresden.de

Zeit für einen Kaffee

Café Milchmädchen Hier gibt es alles, was das Frühstücksherz begehrt, am besten vorher reservieren!
Grunaer Str. 27 // www.milchmaedchen-cafe.de

Hier schmeckt's gut

Mamma Mia Lust auf hausgemachte Tagliatelle, Orecchiette, Maccheroni oder Spaghetti mit frischem Pesto und ein Glas Wein? Dann bist du bei diesem familiengeführten Italiener richtig.
Kreuzstraße 1-3 // www.mammamia-dresden.de

Mit dem Bulli unterwegs in Dresden

VON HIER AUS ENTDECKEN

Gläserne Manufaktur von VW

In der Nähe vom Stellplatz befindet sich die Gläserne Manufaktur von VW. Dieses interaktive Museum ist für Technikinteressierte einen Besuch wert. Seit Kurzem wird hier der Stromer ID.3 produziert. Bei einer Führung erhält man Einblick in die Produktion von E-Autos.
Lennéstraße 1 // www.glaeserne manufaktur.de

Deutsches Hygiene-Museum

In diesem interaktiven Museum geht es vor allem um Themen, wie wir heute und in Zukunft leben, was uns ausmacht und was uns bewegt. Neben den Dauerausstellungen »Abenteuer Mensch« und »Welt der Sinne« gibt es wechselnde Sonderausstellungen zu Themen wie beispielsweise »Künstliche Intelligenz« und »Future Food«.
Lingnerplatz 1 // www.dhmd.de

REINSCHAUEN LOHNT SICH

Strausswirtschaft im Weinberg

Das ist mein persönliches Highlight: Im traumhaft gelegenen Weinberg von Winzer Lutz Müller am Schloss Albrechtsberg sitzt man auf rustikalen Gartenmöbeln mit einem Glas Wein und genießt die besondere Atmosphäre und den Weitblick. Dazu gibt es frischgebackene Brote und Flammkuchen.

Bautzner Straße 130 // winzer-lutz-mueller.de/strausswirtschaft // April–Okt. Sa/So/Fei 11–19 Uhr

Waldschlösschenbrücke

Die moderne Bogenbrücke wurde 2013 als Entlastung für die anderen Elbbrücken fertiggestellt. Leider verlor die Kulturlandschaft Dresdner Elbtal dadurch aus ästhetischen Gründen ihren Platz in der UNESCO-Welterbe-Liste. Bis heute ist das Prestigeobjekt umstritten und sogar vom Abriss bedroht.

Zwischen Albertbrücke und Loschwitzer Brücke (Blaues Wunder)

Ehemalige Zigarettenfabrik

Eines der auffälligsten Gebäude in der Dresdner Skyline ist die im Stil einer Moschee gebaute ehemalige Zigarettenfabrik Yenidze. Heutzutage wird das

Gebäude vorrangig für Büroflächen genutzt. Im Kuppelrestaurant befindet sich Dresdens höchstgelegener Biergarten.

Weißeritzstraße 3, www.yenidze.eu // www.kuppelrestaurant.de

Schloss Moritzburg

Das prachtvolle Barockschloss liegt auf einer kleinen Insel im See des Schlossparks vor den Toren Dresdens. Es diente zunächst als Jagdschloss für Herzog Moritz und wurde später durch August den Starken in ein Lustschloss umgebaut.

Schloßallee, 01468 Moritzburg // www.schloss-moritzburg.de

DAS BLAUE WUNDER ERLEBEN!

❺ Der Parkplatz am Blauen Wunder befindet sich neben dem Schillergarten, einem traditionsreichen Restaurant mit Biergarten. Um die 1893 eingeweihte Loschwitzer Brücke, wie sie wirklich heißt, so lange wie möglich zu erhalten, ist sie heute nur noch für den Fahrzeugverkehr bis 15 t zugelassen. Von diesem monumentalen Bauwerk aus Eisen und Stahl hat man einen schönen Blick auf die Elbe und die umliegenden Hügel.

Maximale Parkdauer: 1 Nacht
Parkgebühren: 3 €/Tag
Toilette: keine
Adresse: Schillerplatz zwischen Elberadweg und Elbufer, Blasewitz
GEO-Koordinaten: 51°03'09.7"N 13°48'33.4"E

UM DIE ECKE

Vorräte aufstocken

Wochenmarkt Schillerplatz An Markttagen wird die Anfahrt durch ein Wohnviertel geleitet, die Straßen sind zu eng für breite und große Campervans.
Wochenmarkt Schillerplatz // Di/Do 9–17, Sa 8–12 Uhr

Zeit für einen Kaffee

Arabusta Einfach richtig guter Kaffee, freundlicher Service und angenehmes Interieur. Lieblingsplatz vieler Dresdner.
Körnerplatz 13

Hier schmeckt's gut

Schillergarten Im schönen Biergarten mit Blick auf die Elbe kann man köstliche sächsische Spezialitäten futtern.
Schillerplatz 9 // www.schillergarten.de

Auf einen Drink

Kleine Freuden Die Weinbar hat eine gute, nicht alltägliche Weinauswahl, aber leider nur neun Sitzplätze.
Körnerplatz 10 // www.kleinefreuden-dresden.de

VON HIER AUS ENTDECKEN

Loschwitz

Am nächsten Morgen empfehlen wir, durch den alten Stadtteil Loschwitz am gegenüberliegenden Ufer zu schlendern und einen Kaffee im Arabusta zu trinken.

Schwebebahn

Wenn du Dresden einmal von oben sehen möchtest, steig in die originelle Schwebebahn von 1901 ein, die Loschwitz mit Oberloschwitz verbindet. Die Fahrt – 84 m in knapp fünf Minuten – ist echt originell, der Ausblick von oben hat fast etwas Magisches. Von der Terrasse der Bergstation im Café Schwebebahn ist der Weitblick einzigartig.
Pillnitzer Landstraße 5 // www.dvb.de/de-de/entdecken/bergbahnen

Spot an der Loschwitzer Brücke

LEIPZIG

Es gibt vieles, wofür man Leipzig kennt und liebt: den Thomanerchor, das Gewandhaus, die Messe. Leipzig besticht mit seinen historischen Passagen, seinen Museen und Galerien. Nicht nur die Musik nimmt einen breiten Raum ein, auch die Kunst und der Kulturbetrieb belegt ein breites Spektrum von klassisch bis Avantgarde. Leipzig ist darüber hinaus eine junge Stadt mit einer bunten Kneipenszene und Klubkultur. Die Bewohner sind weltoffen, zahlreiche Menschen mit unterschiedlichsten Lebensstilen leben hier. Viele zog es hierher, als die Mieten noch erschwinglich waren, aus dieser Zeit stammt der Slogan »The better Berlin«. Lass dich von unseren Tipps inspirieren, und überzeuge dich von der Vielfalt der 600 000-Einwohner-Stadt. Wir lieben Leipzig und kommen immer wieder gern hierher.

MULTIKULTI IM OSTEN DES ZENTRUMS

❶ Der Spot am Neustädter Markt vor der Heilig-Kreuz-Kirche liegt etwas abseits der Eisenbahnstraße, die als eine der Hauptmagistralen die Stadtmitte mit dem multikulturelleren Zentrum-Ost verbindet. Die ruhige Anwohnerstraße mit Gründerzeithäusern hat Charme. Du parkst auf offiziellen Parkflächen, daher sollte der Van nicht allzu groß sein.
Volkmarsdorf hat einen hohen Migrantenanteil. Das zeigt sich hier in der Fülle an orientalischen Imbissen, Shisha- und Cocktailbars und kleinen Lebensmittelläden rund um die Eisenbahnstraße, dazwischen haben sich Kunsträume und Hipster-Cafés eingereiht.

Maximale Parkdauer: 1 Nacht
Parkgebühren: keine
Toilette: in den umliegenden Cafés
Adresse: Neustädter Markt, Neustadt-Neuschönefeld
GEO-Koordinaten: 51°20'52.3"N 12°24'10.5"E

UM DIE ECKE

Zeit für einen Kaffee

Analog Café & Bar Kaffee, Kuchen und kleine Gerichte.
Hedwigstraße 20 // www.analogcafebar.metro.bar

Hier schmeckt's gut

Brothers Bäckerei & Café Leckere türkische Tagesgerichte, selbstgemachte Burger und köstliche Backwaren.
Eisenbahnstraße 85

Vary Recordstore & Caffé Unser Favorit für einen guten Kaffee und Vinylkauf. Hier kannst du auch essen und hippen Schallplattenklängen lauschen.
Eisenbahnstraße 7 // www.facebook.com/vary.leipzig

VON HIER AUS ENTDECKEN

Spaziergang Richtung Osten ins Bülowviertel

Der Stadtteil erinnert an Berlin-Kreuzberg vor 20 Jahren. Wie gut, dass sich

Bild links: Die ehemalige Landmaschinenfabrik in Plagwitz – ein beliebter Treffpunkt

die Gentrifizierung in diesem Viertel Zeit lässt. Auf einem 20-minütigen Spaziergang vom Stellplatz aus in Richtung Bülowviertel kannst du dich in türkischen Supermärkten mit Lebensmitteln eindecken, durch Kunstgalerien schlendern oder von einem der Cafés dem bunten Treiben zuschauen.

ZENTRUMSNAH UND GRÜN – AM JOHANNAPARK

❷ Vor einigen Jahren lernten wir genau hier Rolf kennen. Er reiste allein mit seinem alten Mercedes und hatte diesen schönen Platz ebenfalls entdeckt. Als er uns mit einem Espresso aus seinem Camper beglückte, beschlossen wir spontan, dass wir uns auch einen Camper anschaffen wollten. Irgendwann jedenfalls. Unser Lieblingsspot befindet sich am Johannapark, nicht weit vom Neuen Rathaus und ist ruhig. In der Umgebung kannst du in der sehenswerten Bibliotheca Albertina dein Wissen erweitern und die Hochschule für Grafik und Buchkunst erkunden. Auch das Zentrum ist nicht weit. Was sollte dein Rundgang am besten beinhalten? In jedem Fall das Alte Rathaus, Thomaskirche, Gewandhaus und Oper, natürlich auch die historischen Leipziger Passagen u. a. die Mädler-Passage. Wirf auch einen Blick in Auerbachs Keller, den Goethe durch seinen »Faust« weltberühmt gemacht hat. Wenn dich Kunst interessiert, leg einen Stopp im modernen Quader des Museums der Bildenden Künste ein.

Maximale Parkdauer: 1 Nacht
Parkgebühren: keine
Toilette: in den umliegenden Cafés
Adresse: Karl-Tauchnitz-Straße, Zentrum-Süd
GEO-Koordinaten: 51°20'03.2"N 12°21'50.8"E

WAS CAMPER HIER WISSEN MÜSSEN

Die Leipziger sind gegenüber Campern grundsätzlich tolerant. Wenn du keine Campingmöbel vor dem Van aufstellst und vor allem deinen Müll korrekt entsorgst, kannst du hier wunderbare Tage verbringen. Doch bitte achte auf die Beschilderungen, denn es gibt Flächen, auf denen das Übernachten ausdrücklich untersagt ist. Leipzig hat außerdem eine Umweltzone und es dürfen nur Fahrzeuge mit grüner Plakette in die Innenstadt einfahren. Ohne diese nutze einfach einen der vielen Park & Ride-Plätze am Stadtrand.

UM DIE ECKE

Zeit für einen Kaffee

Café das Kapital Im Café der Galerie für Zeitgenössische Kunst gibt's guten Kaffee und Snacks.

Karl-Tauchnitz-Straße 9–11 // www.gfzk.de/orte/cafe

Hier schmeckt's gut

Backstein Direkt hinter der Galerie für Zeitgenössische Kunst wird u. a. das schmackhafte Backstein-Brot gebacken. Probiert auch Leipzigs bestes Croissant.

Grassistraße 4 // www.backstein.pm

CAMPING-SPOTS

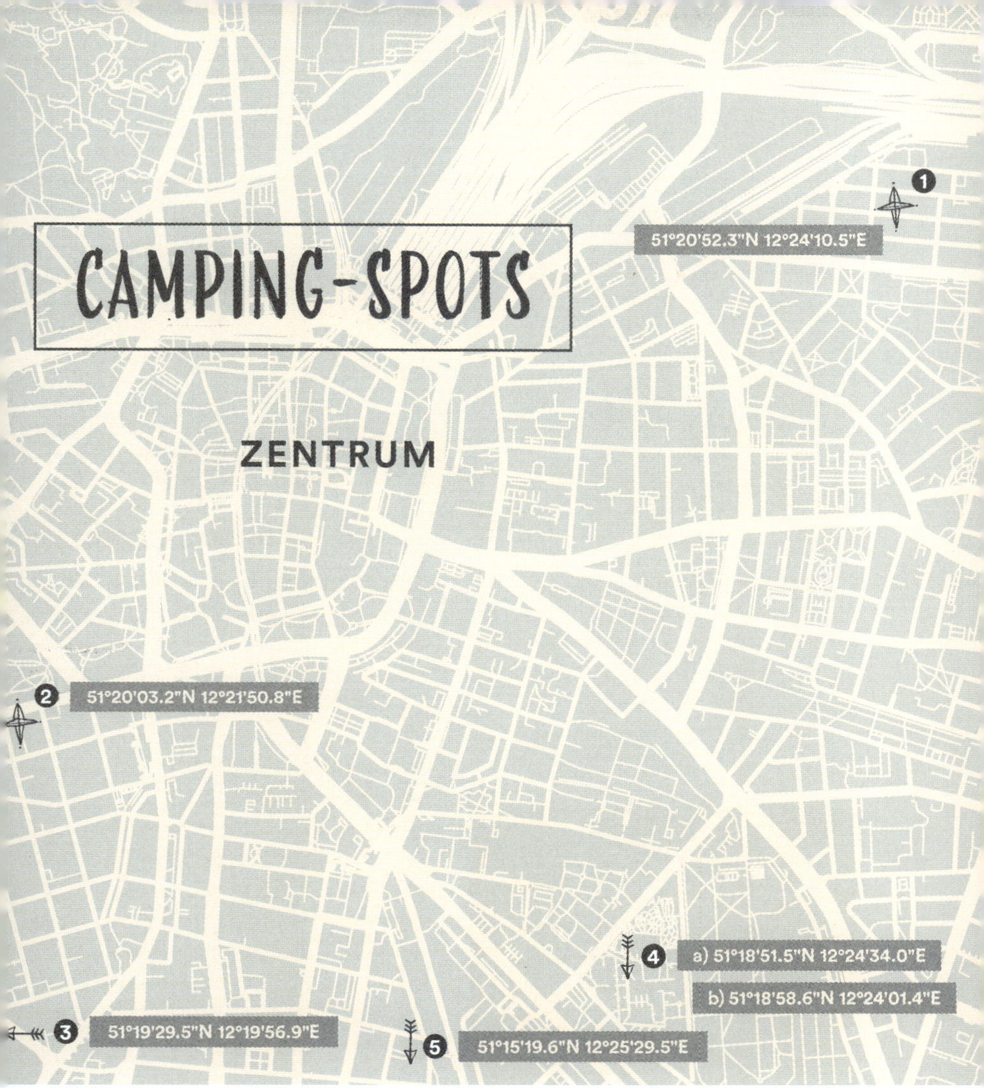

VON HIER AUS ENTDECKEN

Bummel im Musikviertel

Im Musikviertel, südlich vom Johannapark, sind prachtvolle Villen, Stadtpalais und imposante Repräsentativbauten zu bestaunen. Zwischendrin wurde bezahlbarer Wohnraum geschaffen, wieder etwas, was Leipzig lebens- und liebenswert macht.

Beethovenstraße // Karl-Tauchnitzstraße // Simsonplatz und Lampestraße

Joggen oder Walken mit Denkstopp

Der von Lenné geschaffene Johannapark geht nahtlos über in den Clara-Zetkin-Park. In der großzügig angelegten grünen Spiel- und Sportstätte für die Leipziger mit Sitzterrassen, Weihern, Parkbühne, Biergarten und Gaststätten kannst du dich auspowern, chillen oder im Schachzentrum am Brahmsplatz (mit Toilette) eine Partie wagen.

Edvard-Grieg-Allee // Brahmsplatz

REINSCHAUEN LOHNT SICH

Panoramablick über Leipzig
Einen wunderbaren Ausblick über die Stadt kannst du (4 € Eintritt) von der Plattform des 142 m hohen Panorama Towers Leipzig genießen.
Augustusplatz 9 // www.panorama-leipzig.de // Mo–So ab 9 Uhr

Die schönsten Passagen
Leipzig ist für die Vielzahl an Höfen und Passagen bekannt. Ursprünglich dienten sie als Umschlagsplatz für die Leipziger Mustermessen. Umgewandelt in schicke Ladenpassagen sind sie heute ein starker Besuchermagnet. Die bekannteste ist die Mädlerpassage, hier befindet sich auch der berühmte Auerbachs Keller, der in Goethes »Faust« eine Rolle spielt.
Grimmaische Straße 2–4 // www.maedlerpassage.de

Thomaskirche und ihr berühmter Chor
Leipzig ist die Heimat des weltberühmten Thomanerchors, der die Menschen seit über 800 Jahren mit der Musik Johann Sebastian Bachs verzaubert. Wir empfehlen dir unbedingt, einmal den Motetten (Chorgesang, 2 €) am Freitag oder Samstag zu lauschen. Besorg dir frühzeitig Tickets dafür.
Thomaskirchhof 18 // www.thomaskirche.org

INDUSTRIEFEELING UND LOST PLACES

❸ Plagwitz, ehemalige Industriesiedlung im Leipziger Westen, ist heute das angesagteste Stadtviertel. Als die Gründerzeitgebäude der Baumwollspinnerei an der Weißen Elster für die Produktion nicht mehr gebraucht wurden, hat man die Räume Mitte der 1990er-Jahre günstig an Künstler vermietet. Das lockte weitere Künstler an, so auch Vertreter der Neuen Leipziger Schule Neo Rauch. Viele der ehemaligen Fabriken in der »Wasserstadt« sind in Kunstateliers und moderne Lofts umgewandelt worden. Die kreative Atmosphäre zog Start-ups an, was wiederum den Wohnungsbau auf den Brachflächen nach sich zog.
Unser Stellplatz liegt in einer ruhigen Nebenstraße. Nebenan findest du einen Metzger, Bäcker, Drogerie und ein Einkaufszentrum.

Maximale Parkdauer: 1 Nacht
Parkgebühren: keine
Toilette: im Einkaufszentrum
Adresse: Markranstädter Straße, Plagwitz
GEO-Koordinaten: 51°19'29.5"N 12°19'56.9"E

UM DIE ECKE

Vorräte aufstocken

Rewe Supermark // Zschochersche Straße 82

Markthalle Plagwitz Ein Tipp zum Schauen und Einkaufen ist der Wochenmarkt, wo lokale und regionale Erzeuger ihre Produkte ausbreiten.
Markranstädter Str. 8 // www.samstagsmarkt.de // 9–14 Uhr

Hier schmeckt's gut

Fischhütte Fischbrötchen mit frischen Fischen von regionalen Züchtern aus Sachsen.
Gießerstraße 37

Auf einen Drink

Westflügel Leipzig Steht für Figurentheater, aber auch für internationale Kunst und Musik. Check die Website, reserviere Tickets und genieße nach der Vorstellung die zauberhafte Atmosphäre in der urigen Theaterkneipe Froelich & Herrlich.
Hähnelstr. 27 // www.westfluegel.de // Fr

VON HIER AUS ENTDECKEN

Vom Wasser aus entdecken
Das Plagwitzer Kanalsystem eignet sich bestens, um den Stadtteil mit einem Paddelboot, SUP oder Kanu zu erkunden. Passendes Gerät dafür kannst du ausleihen.
Herold // Antonienstraße 2 // www.bootsverleih-herold.de
Kanuverleih // Rennbahnweg 2A // www.kanuverleih-leipzig.de

IM UMFELD VON LEIPZIGS WAHRZEICHEN

❹ Sowohl das Völkerschlachtdenkmal als auch die Mustermesse der Leipziger Messe sind Wahrzeichen der Stadt. Hier stehst du gut im hinteren Bereich des »Parkplatzes an der Tabaksmühle« etwas abseits der Straße. Von den Stufen des Denkmals kannst du den Sonnenuntergang mit Blick aufs Zentrum auf dich wirken lassen. Am nächsten Morgen geht es dann ab 10 Uhr hinauf zur Aussichtsplattform oder mit öffent-

Picknick mit Hund vor dem Denkmal

lichen Verkehrsmitteln direkt ins Stadtzentrum.

Falls du hier keinen Platz findest oder etwas versteckter stehen möchtest, ist das Areal der Alten Messe, z. B. vor Halle 14, eine Alternative.

Maximale Parkdauer: 2 Nächte
Parkgebühren: keine
Toilette: im Kiosk auf dem Parkplatz
a) Adresse: Friedhofsweg, Zentrum-Südost
GEO-Koordinaten: 51°18'51.5"N 12°24'34.0"E
b) Adresse: Alte Messe, Ecke Puschstraße
GEO-Koordinaten: 51°18'58.6"N 12°24'01.4"E

UM DIE ECKE

Vorräte aufstocken

HIT Markt Supermarkt mit Bäcker und Imbiss.

Straße des 18. Oktober Nr. 44

Auf einen Drink

La Playa Eine Runde Beachvolleyball gefällig? In der Sommerbar mit Karibikfeeling kannst du dich auspowern und im Anschluss bei einem Drink im Liegestuhl chillen.

Eggebrechtstraße 1 // www.beach-club-leipzig.de // Mai–Sept.

VON HIER AUS ENTDECKEN

Zu Besuch bei Promis unter Bäumen

Der 78 Hektar umfassende Südfriedhof gilt als einer der schönsten Parkfriedhöfe des Landes – mit seinem alten Baumbestand, Skulpturen und kunstvollen Grabmälern wie geschaffen für einen langen Spaziergang. Hier liegen viele prominente Persönlichkeiten begraben, darunter auch Künstler und Dichter, z. B. die Verlegerfamilien Baedecker und Ullstein.

Friedhofsweg 3 // www.leipzig.de

EINE BRISE SURFER-FEELING

❺ Der Markkleeberger See entstand aus dem ehemaligen Braunkohletagebau Espenhain. Das daraus entstandene Naherholungsgebiet liegt etwa 15 km vom Stadtzentrum entfernt.

Mit etwas Glück erwischst du einen Stellplatz auf dem öffentlichen Parkplatz mit Seeblick. Der hier beschriebene Spot wird allerdings nur im Sommer betrieben und geöffnet. Direkt am See gibt es ein Café-Restaurant, in der Nähe einen Kletter- und Kanupark.

Wer im Winter anreist, weicht auf den nahen Campingplatz (www.neuseenland-camping.com) aus.

Maximale Parkdauer: 3 Nächte
Parkgebühren: 5 €/Tag
Toilette: im Seepark zu den Öffnungszeiten
Adresse: Siedlung Auenhain, am Südende des Sees, Markkleeberg
GEO-Koordinaten: 51°15'19.6"N 12°25'29.5"E

UM DIE ECKE

Hier schmeckt's gut

Restaurant Seeperle im Seepark Auenhain Schnitzel, Gulasch, Fisch, Salate und Pasta, also das Übliche auf der Karte, aber auch zwei vegetarische Gerichte und zur Abwechslung Spezialitäten vom Bison. Falls es Platz gibt, mundet's am besten auf der Außenterrasse am See.
Am Feriendorf 2 // Markkleeberg // www.seepark-auenhain.de

VON HIER AUS ENTDECKEN

Kirchenruine Wachau

In wenigen Minuten erreichst du mit dem Van die Kirchenruine Wachau. Nach aufwendiger Sanierung finden hier seit 1997 wieder Konzerte statt.
Kirchplatz 1 // Markkleeberg // www.kirchenruine-wachau.de

Zwenckauer, Störmthaler und Cospudener Seen

Eine gute Alternative, falls du am Markkleeberger See keinen Platz findest, sind der Zwenckauer, Störmthaler und Cospudener See, sie verfügen über einen ebenso großen Freizeitwert, sind also auch gut für einen Ausflug. Baden, Segeln, Wassersport jeglicher Art, auch Radtouren machen hier Spaß und die Wege sind gut ausgewiesen.
www.leipzigseen.de

Surfspaß im Kanupark am Markkleeberger See

WEIMAR

Goethe und Schiller, Bach, Liszt, Baumeister Gropius und viele weitere Charakterköpfe und Vordenker deutschen Kulturlebens weilten in Weimar. Thüringens Kulturhauptstadt, einst auch die kulturelle Mitte Europas, überrascht seine Besucher mit einer Fülle an Sehenswürdigkeiten: weite Parklandschaften, Dichterhäuser, spannende Museen und Schlösser, das Bauhaus als Tempel für modernes Design. Mehr noch, im Haus der Weimarer Republik kannst du Vorder- und Hintergründiges über die heutzutage oft zitierte Weimarer Republik und die jüngere Geschichte Deutschlands erfahren. Und vielleicht noch durch einen Besuch im ehemaligen KZ Buchenwald ergänzen. Du brauchst etwas Mut dafür, die hautnahe Begegnung an diesem Erinnerungsort wird dich berühren. Das ist gewollt, damit dieses Verbrechen an unzähligen Menschen niemals in Vergessenheit gerät. Da die Stadt recht klein und touristisch ist, sind viele zentrale Parkplätze auf zwei Stunden Parkdauer begrenzt.

CITYNAH UND ENTSPANNT

❶ Dieser ruhig gelegene Stellplatz am Herrmann-Brill-Platz verfügt über Müllcontainer, Abwasser- und Toilettenstation sowie Strom (nur 1-Euro-Münzen). Gegenüber befindet sich das Schwanenseebad, ein Hallen- und Freibad. Hier kannst du nach einem ausgefüllten Tag in der Stadt ein paar Bahnen ziehen oder einfach nur ausgiebig duschen. Beim Pizzaservice Milano neben dem Parkplatz gibt es Pizza zum Mitnehmen, dann ist der Tag rund. Die Innenstadt ist nur 1 km entfernt und somit ganz entspannt zu Fuß erreichbar.

Maximale Parkdauer: keine Begrenzung
Parkgebühren: 10 €/24 Std.
Toilette: keine
Adresse: Herrmann-Brill-Platz
GEO-Koordinaten: 50°59'06.3"N 11°19'02.7"E

UM DIE ECKE

Zeit für einen Kaffee

Fama Café & Manufaktur Auf dem Weg zur Anna Amalia Bibliothek kannst du in dem Café frühstücken oder den mit Liebe gebackenen Kuchen kosten.
Windischenstraße 20

Hier schmeckt's gut

On My Table Schlichtes Lokal mit frischen koreanischen Gerichten.
Marktstraße 3, Weimar Atrium

VON HIER AUS ENTDECKEN

Herzogin Anna Amalia Bibliothek

Nur 20 Minuten zu Fuß sind es vom Stellplatz bis zur Bibliothek für europäische Literatur- und Kulturgeschichte. Allein schon der Rokokosaal mit seinem Bücherturm ist ein Augenschmaus für sich.
Platz der Demokratie 1 // www.klassik-stiftung.de

Bild links: Goethe und Schiller in Weimar freundschaftlich verbunden.

Spaziergang durch die Stadt
Auf dem Rückweg von der Bibliothek zum Stellplatz liegt Goethes Wohnhaus & Nationalmuseum. Fast 50 Jahre hat er hier gelebt und gearbeitet. Die 18 noch original eingerichteten Räume veranschaulichen die Vielseitigkeit des Dichters, Denkers, Staatsmanns und Forschers in einer Person. Am Marktplatz mit seinen dekorativen UNESCO-Welterbe-Renaissancegebäuden, Stadthaus und Cranachhaus an der Ostseite und dem Rathaus, geht es am Schillermuseum vorbei zum Theaterplatz, wo man auf das sehenswerte Haus der Weimarer Republik und das Goethe-Schiller-Denkmal trifft, das die freundschaftliche Verbundenheit der beiden Dichterfürsten bekundet.
Goethe Nationalmuseum // Frauenplan 1 // www.klassik-stiftung.de
Forum für Demokratie // Theaterplatz 4 // www.hdwr.de

WAS CAMPER HIER WISSEN MÜSSEN

Das Freistehen im Zentrum von Weimar ist tatsächlich eine Herausforderung. Je näher man dem Weltkulturerbe kommt, desto schwieriger wird es Plätze zu finden, die nicht ausschließlich Anwohnern vorbehalten oder auf eine kurze Parkdauer begrenzt sind. Es ist wirklich sinnvoll, unsere genannten Spots anzufahren und von dort aus stressfrei zu Fuß, per Zweirad oder ÖPNV Richtung Innenstadt aufzubrechen.

AUF ACHSE LÄSST GRÜSSEN

❷ Auf diesem Park & Ride-Platz gibt es jede Menge Platz für Camper. Nachts ist es ruhig, da auch viele LKW-Fahrer den Platz nutzen, um ihre Ruhepausen einzulegen. In den Morgenstunden kann es jedoch etwas lauter werden. Vorteil dieses nicht unbedingt fotogenen Ortes ist die Anbindung an die Innenstadt. An der Marcel-Paul-Straße fährt der Linienbus 1 über den Hauptbahnhof zum Goetheplatz.
Maximale Parkdauer: keine Begrenzung
Parkgebühren: keine
Toilette: keine
Adresse: Marcel-Paul-Straße, Weimar-Nord
GEO-Koordinaten: 50°59'35.5"N 11°18'56.8"E

UM DIE ECKE

Vorräte aufstocken
Supermärkte, Bäcker, Imbisse Links und rechts der Hauptstraße bekommt man so ziemlich alles, was man braucht, auch Apotheke, Tankstelle und Sparkasse sind vorhanden.
Marcel-Paul-Straße

Hier schmeckt's gut
Taverne Stadtblick Um die Ecke geht es zum Griechen, der auch frische italienische Gerichte auf der Karte führt.
Marcel-Paul-Straße 65A // www.taverne-stadtblick-weimar.de

Auf einen Drink
Loft Ein paar Tapas und ein Glas Wein? Oder lieber einen Pulled-Pork-Sand-

wich und einen Cocktail dazu? Geht beides in dieser kombinierten Restaurant-Cocktailbar.

Carl-August Allee 12 // www.loft-weimar.de

VON HIER AUS ENTDECKEN

Design, Kunst und Möbelbau

Von hier aus erreichst du das Stadtzentrum zu Fuß in etwa einer halben Stunde. Fahrrad ist eine gute Alternative. Du folgst der Rießnerstraße Richtung Westen und biegst links in die Ettersburger Straße, die zur Ernst-Thälmann-Straße wird. An deren Ende findest du den Neubau des Bauhaus-Museums, ein minimalistischer Kubus. Das moderne Ausstellungskonzept ist großartig, die Exponate und Texte sind immer noch hochaktuell. Zeitfensterticket buchen und reingehen!

Bauhaus-Museum // Stéphane-Hessel-Platz 1 // www.klassik-stiftung.de

REINSCHAUEN LOHNT SICH

Schloss Belvedere

Ein Königreich für diese Schönheit! Das barocke Schloss Belvedere, 5 km südlich der Innenstadt, ist eine prachtvoll gestaltete Lustschlossanlage, die samt Park mit seinen exotischen Gewächsen 1998 zum Weltkulturerbe erklärt wurde.

Schloss und Park Weimar-Belvedere // 99425 Weimar

Park an der Ilm

Goethe und Herzog Carl August verwirklichten in dem 48 ha großen Park am Rand der Altstadt ihre gartenkünstlerischen Ideen und machten ihn zu einem begehbaren Kunstwerk. Bei einem Parkspaziergang oder per Radtour kannst du Goethes Gartenhaus, das Tempelherrenhaus und einige Denkmäler bewundern.

Ilmstraße // www.klassik-stiftung.de

Museum Neues Weimar

Das Neue Museum eröffnete 2019 mit einer ständigen Ausstellung der frühen Moderne: Van de Velde, Nietzsche und die Moderne um 1900. Die politisch-kulturellen Zusammenhänge dieser Zeit werden strukturiert erläutert, der Kern des damaligen Zeitgeistes mittels moderner Museumdidaktik gut nähergebracht. Danach ist man gut gerüstet, um das Bauhaus-Museum zu besuchen.

Jorge-Semprún-Platz 5 // www.klassik-stiftung.de

Gedenkstätte Buchenwald

Etwa 12 km nordwestlich vom Zentrum ließ hier die SS 1937 ein Konzentrationslager errichten. Es war eines der größten Lager in Deutschland und diente als Haftstätte zur Zwangsarbeit. Der Name des Ortsteils, Buchenwald, ist seitdem ein Synonym für die nationalsozialistischen Verbrechen dieser Zeit.

Gedenkstätte Buchenwald // 99427 Weimar

ÜBERNACHTEN FAST WIE DIE HERZOGIN

❸ Für alle, die es ruhiger und abgeschiedener mögen, haben wir noch zwei Spots im Grünen getestet. Den Ortsteil Tiefurt, 4 km östlich von der Weimarer Innenstadt, erreichst du in etwa 10 Minuten mit dem Van. Hier kann man es gut aushalten, da der alte Baumbestand und die kleinen Gassen zum Verweilen einladen. Spot 3 liegt direkt an dem kleinen Flüsschen Ilm, das sich durch den Ort zieht. Geparkt wird am Straßenrand.

Maximale Parkdauer: 1 Nacht
Parkgebühren: keine
Toilette: keine
Adresse: Karolinenpromenade, Tiefurt
GEO-Koordinaten: 50°59'32.5"N 11°21'41.4"E

❹ Nur etwa 5 Minuten zu Fuß entfernt findest du Spot 4 am Schloss und Park Tiefurt, neben der Gaststätte Alte Remise. Schloss und Park gehören zur Klassik Stiftung Weimar und sind definitiv auch einen Besuch wert. Tiefurt galt damals als der Musenort der Weimarer Hofgesellschaft. Aber nicht nur Kulturfans kommen hier auf ihre Kosten, es bieten sich genügend Möglichkeiten, gemütlich einzukehren und sich gedanklich auf eine Zeitreise in die Vergangenheit einzulassen.

Maximale Parkdauer: 1 Nacht
Parkgebühren: keine
Toilette: im Caféstübchen Tiefurt nebenan
Adresse: am Schloss Tiefurt
GEO-Koordinaten: 50°59'38.1"N 11°21'51.0"E

UM DIE ECKE

Zeit für einen Kaffee

Caféstübchen Tiefurt – Bäckerei Preußel Bei gutem Wetter kannst du auf der Terrasse hausgebackene Kuchen oder kleine Speisen kosten.
Hauptstraße 14 // www.facebook.com/baeckerei.preussel

Hier schmeckt's gut

Alte Remise Gekocht wird traditionell und mit Lebensmitteln frisch vom Erzeuger aus der Region, köstlich.
Hauptstraße 14 // www.alte-remise-tiefurt.de/Restaurant

VON HIER AUS ENTDECKEN

Stadtschloss Weimar
Das Stadtschloss Weimar ging aus einer mittelalterlichen Wasserburg hervor. Seit Mitte des 16. Jh. war Weimar die ständige Residenz der Herzöge von Sachsen-Weimar und Eisenach. Wegen Renovierung bis 2030 sind derzeit nur einzelne Zimmer zu besichtigen.
Burgplatz 4 // www.klassik-stiftung.de

Tiefurter Schloss und Sommertheater
In ihrem Sommersitz versammelte Anna Amalia häufig Freunde um sich: Goethe, Schiller, Wieland, Herder sowie die Gebrüder Humboldt waren oft ihre Gäste. Die Einrichtung zeugt vom Flair jener Zeit. Der Park will ebenfalls entdeckt werden – zu Fuß oder mit dem Rad.
Die Lesungen und (Open-air-)Konzerte im abendlichen Sommertheater haben einen exzellenten Ruf. Wirf einen Blick ins Programm und reserviere Tickets.
Hauptstraße 14 // www.tiefurter-sommertheater.de // Juli–August

SÜDEN

MÜNCHEN

Für ihre Besucher hat die Landeshauptstadt Bayerns ganz unterschiedliche Bedeutungen: Die einen kommen, um die prachtvollen Schlösser und Denkmäler zu besichtigen und in die großartigen Museen und Galerien auszuschwärmen. Andere lieben Münchens grüne Parks und Freizeitreviere, sei es an der Isar, im Englischen Garten oder am Olympiapark. Münchens Biergärten und die lässige bayerische Lebensart sind ebenfalls ein Anziehungspunkt. Und obendrauf trifft man in der weltoffenen Stadt auf eine Vielfalt an bunten Märkten und angesagten Lokalen.

ENTSPANNT AM OLYMPIAPARK

❶ Auf der ganzen Länge kann man am Straßenrand der Ackermannstraße längs zur Fahrbahn zeitlich unbegrenzt parken. Platz ist hier sogar auch für sehr große Wohnmobile. Von diesem Spot kann man gut den Olympiapark erkunden oder auch mal einen Tag in der Natur entspannen.

Maximale Parkdauer: keine Begrenzung
Parkgebühren: keine
Toiletten: keine
Adresse: Ackermanstraße 88
GEO-Koordinaten: 48°9'48.9"N 11°33'7.2"E

UM DIE ECKE

Vorräte aufstocken
Basic Biomarkt // Schleißheimer Straße 158/162 // www.basicbio.de

Zeit für einen Kaffee
Die Kuchenwerkstatt Das schnucklige Café mit Wohnzimmeratmosphäre verführt mit toller Kuchenauswahl.
Herzogstraße 84

Tante Emma Café Nettes Café, in dem man frühstücken und tagsüber lecker essen kann.
Destouchestraße 63 // www.tante-emma-bistro.de

Hier schmeckt's gut
JaVi – Japanese & Vietnamese Hier kommen Fans der asiatischen Küchen auf ihre Kosten. Feine, aromatische Gerichte verwöhnen den Gaumen.
Schleißheimer Str. 182 // www.javi-restaurant.de

VON HIER AUS ENTDECKEN

Viel zu sehen im Olympiapark
Viele für die Olympischen Spiele 1972 errichteten Gebäude sind noch erhalten. Daher kann man gut einen halben Tag durch den Park wandern und die einzelnen Anlagen bestaunen. Der Blick vom Olympiaberg ist fantastisch (und kostenlos), auf dem 185 m hohen Olympiaturm (Eintritt 9 €) ist man dem Himmel noch ein Stückchen näher – die Alpen sieht man bei gutem Wetter aber von beiden Aussichtspunkten ganz toll.
Spiridon-Louis-Ring // www.olympiapark.de

Bild links: Im Olympiapark gibt es auch ohne Sportereignis viel zu sehen.

Sonnenbaden im Luitpoldpark
Weniger bekannt und daher weniger überlaufen ist der nahe Luitpoldpark mit seinen Liege- und Picknickwiesen. Er wurde vor über 100 Jahren anlässlich des 90. Geburtstags des bayerischen Kronprinzen Prinzregent Luitpold angelegt. Neben den 90 Linden umfasst sein alter Baumbestand auch Urwelt-Mammut-, Ginko- und Götterbäume. Der Pumucklbrunnen am Parkrand weckt Kindheitserinnerungen.
Brunnerstraße 2 // www.muenchen.de/sehenswuerdigkeiten/orte/120254.html

AM ENGLISCHEN GARTEN

❷ Der angenehme Stellplatz am Seitenstreifen der Königinstraße nahe beim Englischen Garten ist nachts sehr ruhig, allerdings waren viele Fahrradfahrer unterwegs, so dass man sich immer sicher fühlen kann.

WAS CAMPER HIER WISSEN MÜSSEN

Die Ver- und Entsorgung mit Camper gestaltet sich eher schwierig in München. Eine Müllentsorgung speziell für Camper sucht man vergebens. Ebenso gibt es nur wenige öffentliche Toiletten in der Nähe der Parkplätze. Innerhalb der Münchner City sind U- und S-Bahn die besten Verkehrsmittel. Am besten und günstigsten fährt man mit einer Tageskarte.

Maximale Parkdauer: 1 Nacht
Parkgebühren: Mo–Sa max. 6 Std. zwischen 9–23 Uhr, 1€/Std.
Toilette: keine
Adresse: Königinstraße
GEO-Koordinaten: 48°9'21.7"N 11°35'20.5"E

UM DIE ECKE

Vorräte aufstocken
Rewe // Ungererstraße 19

Zeit für einen Kaffee
Café Reitschule Schönes Ambiente mit großer Terrasse, einzig der Pferdegeruch ist gewöhnungsbedürftig.
Königinstraße 38 // www.cafe-reitschule.de

Hier schmeckt's gut
Bapas – Bayrische Tapas Spanisches Konzept trifft auf bayerische Küche. Super Ambiente zu moderaten Preisen.
Leopoldstraße 56a // www.bapas-muenchen.de

La Tazza D'oro Nettes kleines Lokal mit italienischem Flair. Gute Lasagne und Pizza.
Hohenzollernstraße 13 // www.latazzadoro.de

VON HIER AUS ENTDECKEN

Englischer Garten – Münchens grüne Lunge
Der riesige Park an der Isar mitten in der City ist eine Wucht. Hier kann man Sport treiben, spazieren gehen, auf der Wiese liegen, zur Ruhe kommen, nette Menschen treffen, Kontakte knüpfen und der Hektik der Stadt entfliehen. Im Südteil befindet sich Sehenswertes wie

das Teehaus, der Rundtempel Monopteros und der Chinesische Turm (mit Biergarten). Der Nordteil des Parks wird durch den vierspurigen Isarring vom Südteil getrennt. Ein Hingucker sind die Surfer, die auf den Wellen des Eisbachs ihr Können demonstrieren.

Leopoldstraße und Siegestor

Das Siegestor, einer der vielen Prachtbauten in der City, hat uns beeindruckt. Der gut erhaltene Triumphbogen mit einer stattlichen Quadriga obenauf ist dem Bayerischen Heer gewidmet und vor allem in den Abendstunden dank seiner Beleuchtung ein schönes Fotomotiv.

Pulsierendes Leben an der Münchner Freiheit

Auf dem ersten Blick ist die Münchner Freiheit ein Busbahnhof mit einer kühn geschwungenen Überdachung. Tatsächlich ist hier das Herz Schwabings. Für Besucher sicherlich kein Highlight, dennoch ein Touristenmagnet. Hier pulsiert das Leben: exklusive und kreative Läden an der Leopold- und ihren Nebenstraßen, hervorragende Restaurants, Bars, Eisdielen, Cafés.

AM OSTUFER DER ISAR

❸ Der Parkplatz liegt am Ostufer der Isar, zwischen Siebert- und Höchelstraße. Der Spot ist noch relativ stadtnah und dennoch ruhig. Auf dem 30-minütigen Spaziergang in die City gibt es viel zu sehen. Am besten ist es, schon früh morgens die Tour durch die Maximiliansanlagen zu starten, um über die Maximilianstraße ins Herz der Stadt zu gelangen.

Maximale Parkdauer: keine Begrenzung
Parkgebühren: keine
Toiletten: keine
Adresse: Maria-Theresia-Straße 30
GEO-Koordinaten: 48°8'44.0"N 11°35'59.6"E

UM DIE ECKE

Vorräte aufstocken
Lidl // Zweibrückenstraße 8

Zeit für einen Kaffee
Bar Centrale Italien mitten in München. Hier schmeckt alles so, wie es sein muss.
Ledererstraße 23 // www.bar-centrale.com

Hier schmeckt's gut
Indian Mango Schmackhaftes indisches Essen.
Zweibrückenstraße 15 // www.indian-mango.com

Nudelhaus Sano Japanisches Restaurant, neben Nudelgerichten gibt es auch gutes Sushi.
Zweibrückenstraße 19 // www.sushi-sano.de

Auf einen Drink
Gärtnerplatz Die Gegend um den Gärtnerplatz ist Kneipen- und Szeneviertel, hier findest du mit Sicherheit die

Die Isar mit Uferwegen und Wiesen ist Münchens angesagtestes Freizeitrevier

für dich passende Location. Allerdings ist die Barszene hier etwas kurzlebig.

Havana Club Cocktailbar mit Kuba-Flair, auf die Ohren gibt's Latino-Musik.
Herrnstr. 30 // www.havanaclub-muenchen.de

VON HIER AUS ENTDECKEN

Wo das Parlament tagt
Wenn man die Luitpoldbrücke nicht überquert und weiter auf der Ostseite der Isar entlang spaziert, kommt man zum Maximilianeum. Der palastgleiche Bau ist nicht nur der Sitz des bayerischen Landtags, wer das Glück hat, hier zu wohnen, gilt als hochbegabt und gehört zu den Stipendiaten der Stiftung Maximilianeum. Mit vorheriger Anmeldung kann man als Zuschauer an einer Plenarsitzung teilnehmen.
Max-Planck-Straße 1 // www.maximilianeum.de // www.bayern.landtag.de

Rathaus, Glockenspiel und Marienplatz
Pünktlich um 11 und 12 Uhr mittags beginnen am Rathausturm die Puppen zum Glockenspiel zu tanzen, im Sommer auch noch um 17 Uhr. Einmal muss man das wenigstens gesehen haben. Und natürlich auch das reich verzierte neugotische Rathaus, auf dessen Hauptfassade der ganze Fürstenzyklus abgebildet ist. Auf der Turmspitze winkt das Münchner Kindl. Rathaus und die Aussichtsplattform im Turm kann man besichtigen. Auf dem Marienplatz gibt es aber noch Weiteres zu bestaunen, so die Mariensäule aus dem Jahr 1638, sie ist der Patronin Münchens gewidmet. Und der Fischbrunnen, an dem sich die

Viktualienmarkt, Paradies für Genießer

Münchner gern verabreden. Von hier aus kann man prima die Innenstadt erkunden.

Feinschmeckermeile und buntes Markttreiben
Der Viktualienmarkt hat sich längst vom einstigen Bauernmarkt in ein Genießer-Dorado verwandelt. Das Angebot an delikaten Produkten und Spezialitäten von weit über 100 Händlern ist äußerst verführerisch, wenn auch nicht gerade billig. Manche kommen auch nur, um mit anderen fröhlichen Menschen im Biergarten mitten im Markt oder in einer der vielen gastlichen Stätten außenrum, ein, zwei Maß Bier, ein Radler oder frischgepressten Saft zu trinken, und sich mit Leberkäs, Brezn oder Schweinshaxn zu stärken.
Viktualienmarkt 3 // www.muenchen.de/viktualienmarkt

Sendlinger Tor und Karl-Valentin-Musäum
Shopping-Fans ist das Sendlinger Tor sehr wohl ein Begriff, denn das markan-

te Tor, Teil der einstigen Stadtmauer, eröffnet den Zugang zu einer der beliebtesten Einkaufsmeilen der Stadt. Andere pilgern zum Tor, weil sich im rechten Turm das wunderbare »Karl-Valentin-Musäum« befindet, das schräge Einblicke in das Schaffen des Komikers und seiner Lebensgefährtin Lisl Karlstadt gewährt. Dazu passt es, dass die Uhr auf dem Isartor gegen den Uhrzeigersinn läuft.
Tal 50 // www.valentin-musaeum.de

AM WESTPARK

❹ Direkt am Westpark (Ostteil) und nah am Mittleren Ring kann man kostenlos und zeitlich unbegrenzt stehen. Bis 6 m Fahrzeuglänge sind in der Siegenburger Straße kein Problem. Die Lage ist etwas abseits von der City, die Anbindung an den öffentlichen Nahverkehr aber gut. Der Spot ist ein guter Ausgangspunkt, um den südwestlichen Bereich Münchens zu erschließen. Vieles ist fußläufig zu erreichen.

Beliebtes Café Gans im Westpark

Maximale Parkdauer: keine Begrenzung
Parkgebühren: keine
Toilette: keine
Adresse: Siegenburger Straße
GEO-Koordinaten: 48°7'40.3"N 11°31'51.2"E

UM DIE ECKE

Vorräte aufstocken
Penny // Am Westpark 8

Zeit für einen Kaffee
Café Gans am Wasser Schnuckliges Café im Westpark (Ostteil) direkt am Wasser. Sehr gemütlich und märchenhaftes Ambiente.
Siegenburger Straße 41 // www.gansamwasser.de

Patolli Kaffeebar Tolle Kuchenauswahl, bei der wir in Versuchung geraten sind.
Sendlinger Str. 62 // www.patolli.net

Hier schmeckt's gut
Bel Vizio Ein wenig versteckt in einem Hinterhof haben wir dieses nette italienische Restaurant entdeckt.
Beethovenstraße 1 // www.belvizio.de

Auf einen Drink
Hopfengarten Kleiner, gemütlicher Biergarten im Grünen nicht weit vom Spot.
Siegenburger Str. 43 // www.hopfengarten.de

VON HIER AUS ENTDECKEN

Bavaria Park und Theresienwiese
Im Bavariapark haben wir die hohe Dichte an Statuen bewundert – den

Schloss Nymphenburg – nobel für eine Sommerresidenz, aber sehenswert

Bronzehirsch, die Reiterstatuen »Kraft«, »Phantasie« und »Schönheit«, sowie die Bronzegruppe »Wilde Pferde«. Auch der Schneckenplatz, mit der überdimensionalen Schnecke, war uns ein Foto wert. Vom Park geht es über die Straße Theresienhöhe zur Theresienwiese, auf der sich im Herbst zigtausend Besucher beim Oktoberfest tummeln; zwei Monate später strömen andere Besucher hierher zum märchenhaften Tollwood-Winterfestival. Auch ohne Fest beeindruckend ist die mächtige Bavaria-Bronzestatue vor der Ruhmeshalle.

Bavariapark 1 // Theresienhöhe 16 // www.tollwood.de

Westpark – lauschige Oase zum Entdecken und Picknicken

1983 für die Bundesgartenschau erschaffen, ist der Westpark immer noch sehenswert. Der Ostasien-Themenbereich verzaubert mit Brunnen und einem Thai-Tempel. Die Farben im Park im Herbst sind atemberaubend. Grill und Picknickdecke sind sowieso immer dabei und das konnten wir hier sehr schön ausleben.

Obermenzing nahe Schloss Nymphenburg

5 Beim Institut für Ernährungswirtschaft gibt es über hundert Parkmöglichkeiten und bis 7 m Länge ist es völlig problemlos. Hier zu parken empfanden wir als sicher und entspannt. Von der Station Obermenzing kommst du mit der S-Bahn schnell in die Innenstadt.

Maximale Parkdauer: keine Begrenzung
Parkgebühren: keine
Toilette: keine
Adresse: Menzinger Str. 54
GEO-Koordinaten: 48°9'53.4"N 11°30'4.6"E

REINSCHAUEN LOHNT SICH

Gasteig – in Kultur schwelgen

München ist die Stadt der Kultur, nirgendwo findet man mehr Kunst- und Kulturstätten als hier, darunter auch Europas größtes Kulturzentrum Gasteig. Fast täglich kannst du hier an einem Kulturevent teilnehmen – Konzerte, Ausstellungen, Lesungen, Kurse – und das schönste: Es kostet nichts. Da das bisherige Gasteig-Gebäude ab Ende 2021 bis 2025 erneuert wird, finden die Events ab 2022 im Interimsquartier in Sendling statt.

Rosenheimer Straße 5 // ab 2022: Hans-Preißinger-Str. 8 // www.gasteig.de

Urban Art im MUCA

MUCA, das erste Urban Art-Museum Deutschlands befindet sich in einem alten Umspannwerk mitten in der Stadt. Die etwa alle 2–3 Monate wechselnden Ausstellungen sind jung, erfrischend und spannend. Danach bietet sich an, im coolen Museumsrestaurant Mural auf einen Kaffee und Kuchen, Lunch oder Abendessen einzukehren.

Hotterstr. 12 // www.muca.eu

München von unten

Coole Lichtinstallationen und ausgefallenes Design – auf einer U-Bahn-Tour (mit Tageskarte) kann man Münchens stylishste U-Bahnhöfe bewundern: U-Bahnhof Westfriedhof mit interessantem Lichtkonzept, U2-Station Josephsburg in Berg am Lain mit knallroten Wänden und Schachbrettmuster, U1-Station Candidplatz mit Decken und Wänden in leuchtenden Regenbogenfarben, U-Münchner-Freiheit mit Lichtspielen, U-Bahnhof Olympia-Einkaufszentrum mit kleinen Edelstahlpyramiden an den Wänden und am Marienplatz rote LED-Deckenbeleuchtung.

Deutsches Museum – ideal für Regentage

Wenns's regnet, dann kann man auf der Museumsinsel wunderbar seinem Spieltrieb frönen und seine Wissbegierde stillen, sei es in den Bereichen Naturwissenschaft, Astronomie und Zeitmessung, Kommunikation, Werkstoffe, Energie, Verkehr. Aber auch Mensch und Umwelt werden thematisiert und sind spannend interaktiv aufbereitet.

Museumsinsel 1 // www.deutsches-museum.de

UM DIE ECKE

Vorräte aufstocken

Rewe // Volpinistraße 19

Zeit für einen Kaffee

Café Romanplatz Sehr schönes Café in Nymphenburg. Auch der Kuchen und das hausgemachte Eis schmecken gut.
Romanplatz 3

Hier schmeckt's gut

Mozzamo Italienisches Restaurant mit Holzofenpizza, schönes Ambiente.
Gaßnerstraße 1 // www.mozzamo.de

Auf einen Drink

Hirschgarten Einer der schönsten Biergärten liegt in Obermenzing direkt neben einem kleinen Wildgehege. Hier kannst du dein mitgebrachtes Picknick auf einem langen Holztisch ausbreiten und ein Maß Bier dazu bestellen.
Hirschgarten 1 // www.hirschgarten.de

VON HIER AUS ENTDECKEN

Schloss Nymphenburg

Das Schloss war Jahrhunderte lang die Sommerresidenz der Wittelsbacher. Im barocken Schlosspark und Landschaftsgarten mit seinen Fontänen, Skulpturen, Kanälen und Seen, Pavillons und Parkschlösschen kann man himmlisch lustwandeln wie einst die Schlossbewohner. Das Schloss und seine Museen kann man auch besichtigen.
Schloss Nymphenburg 1 // www.schloss-nymphenburg.de

Schloss Blutenburg

Ein kleines Juwel ist auch dieses Jagdschloss mit Skulpturengarten in Obermenzing. Den ehemaligen Herzogssitz aus dem 15. Jh. kann man im Rahmen von Führungen besuchen. In der idyllischen Umgebung mit See und Park bietet sich ein Spaziergang an.
Seldweg 15 // www.blutenburg.de

Im Hirschgarten in Obermenzing kann man es an heißen Tag gut aushalten.

NÜRNBERG

Die zweitgrößte Stadt Bayerns zählt über eine halbe Million Einwohner – doch schlendert man durch die Altstadt mit ihren schönen Fachwerkhäusern, merkt man zum Glück davon nichts. Nürnbergs Wahrzeichen ist die auf einem Sandsteinfelsen thronende Kaiserburg, bekannter dürfte die Stadt aber wahrscheinlich für ihren Christkindlesmarkt und Lebkuchen sein. An Albrecht Dürer, den berühmten Sohn der Stadt, erinnert man sich auch noch gern. Wenn du bereit bist, dich auf Nürnberg einzulassen, und dich vom weichen Dialekt sowie dem reservierten Gemüt der Franken nicht abschrecken lässt, wirst du viele beschauliche Winkel und interessante Ecken entdecken. Gemütliche Cafés und gastliche Stätten finden sich in der ganzen Stadt. Nürnberg hat mit »GoHo« sogar ein Hipster-Viertel.

NÜRNBERGS WASSERWELT MITTEN IN DER STADT

❶ Inmitten des Stadtgebiets erstreckt sich der Wöhrder See. In Seenähe gibt es einen kleinen Stellplatz für acht Wohnmobile neben einer Eisenbahnstrecke. Das Naherholungsgebiet Wasserwelt Wöhrder See ist gleich um die Ecke. Die Innenstadt ist mit öffentlichen Verkehrsmitteln in 15 Minuten zu erreichen. Der Platz ist top, wenn du dich nicht am Lautstärkepegel durch den Schienenverkehr störst.

Maximale Parkdauer: 3 Tage
Parkgebühren: keine
Toiletten: keine
Adresse: Dr.-Gustav-Heinemann-Straße 50
GEO-Koordinaten: 49°27'33.4"N 11°06'43.0"E

UM DIE ECKE

Vorräte aufstocken

Netto // Äußere Sulzbacher Str. 10

Zeit für einen Kaffee

Tante Noris am See Im schönen Inklusionscafé am Wasser servieren Menschen mit Handicap Biokaffeespezialitäten, feine Kuchen und Snacks, auch zum Mitnehmen in umweltfreundlichem Mehrweggeschirr.

Am Johann-Sörgel-Weg // www.noris-gastro.de/seecafe

Machhörndl Café Spezialitäten-Kaffee frisch von der Rösterei, gebrüht oder aus der Maschine, Bio-Kuchen, Croissants, behagliches Ambiente, Außenplätze.

Brunnengasse 7–9 // www.machhoerndl-kaffee.de

Hier schmeckt's gut

Restauration Kopernikus Toller Biergarten auf dem Krakauer Turm, einem der ältesten Bauwerke in der Nürnberger Innenstadt. Fränkische und polnische Spezialitäten. Ihr solltet unbedingt reservieren!

Hintere Insel Schütt 34 // www.restauration-kopernikus.de

Bild links: Zu dem Idyll an der Pegnitz will der Name Henkersteg nicht passen.

Regenzeit Mal Abwechslung von Pizza & Co? Dann ist dieses kleine Thai-Lokal und Café im Szeneviertel Gostenhof ein Tipp. Aromatische Suppen und köstliches Asien-Street-Food.
Willstr. 5 // www.facebook.com/regenzeit.goho

Auf einen Drink

Mops von Gostenhof Gemütliche Kneipe mit frisch gezapftem Bier im Angebot.
Volprechtstr. 14

VON HIER AUS ENTDECKEN

Wasserwelt am Wöhrder See und Wöhrder Wiese
Hier kann man schier endlos an der Pegnitz entlangflanieren, an der Norikus-Badebucht im Wöhrder See schwimmen (kostenfrei, aber leider nicht immer ganz sauber) oder Tretboote in Flamingoform, Ruderboote oder SUP-Boards ausleihen. Die große Wöhrder Wiese ist im Sommer Treffpunkt der Nürnberger, die hier picknicken, joggen, über die Slackline balancieren, Fußball spielen oder einfach nur in der Sonne liegen.
Wöhrder See und Wöhrder // www.wasserweltwoehrdersee.bayern.de

WAS CAMPER HIER WISSEN MÜSSEN

Nürnberg bietet campenden Touristen einige kostenlose Stellplätze, die alle recht stadtnah sind. Auf allen Plätzen darf man bis zu drei Tage stehen.
Die kostenpflichtigen Campingplätze bieten allesamt deutlich mehr Komfort und Ruhe. Meist sind sie gut an die Stadt angebunden und für ein (längeres) Stadtabenteuer die bessere Wahl.

Altstadtbummel
Eine Tour durch die Nürnberger Altstadt startest du am besten vom Hauptmarkt. Die Pegnitz ist dabei ein guter Orientierungspunkt. Das Albrecht-Dürer-Haus und die Weißbergergasse mit den wunderschönen alten Fachwerkhäusern findest du nördlich des Flüsschens sowie weitere idyllische Winkel wie an der Museumsbrücke und dem zauberhaften Ensemble Weinstadel mit Henkersteg. Über den Henkersteg geht's dann zum bunten Trödelmarkt auf der Pegnitzinsel. Auf der südlichen Pegnitzseite breitet sich das Einkaufsmekka Breite Gasse und Karolinenstraße aus. Zwischen Breite Gasse und Hauptbahnhof triffst du auf den modernen Torbau der »Straße der Menschenrechte«. Hier kannst du im Torbogen und auf Rundpfeilern Auszüge aus der Menschenrechtserklärung bestaunen. Danach geh von hier an der Frauentormauer entlang, sie führt zum Frauentor und zum mittelalterlichen Handwerkerhof, noch so ein malerischer Ort in der Stadt, wo man dazu noch Handwerksmeistern bei ihrer Arbeit über die Schulter schauen kann, zwar etwas touristisch, dennoch interessant.

Zeitgenössische Kunst in der Kunsthalle bestaunen
Die Kunsthalle Nürnberg präsentiert seit mehr als 50 Jahren in wechselnden Ausstellungen internationale Gegen-

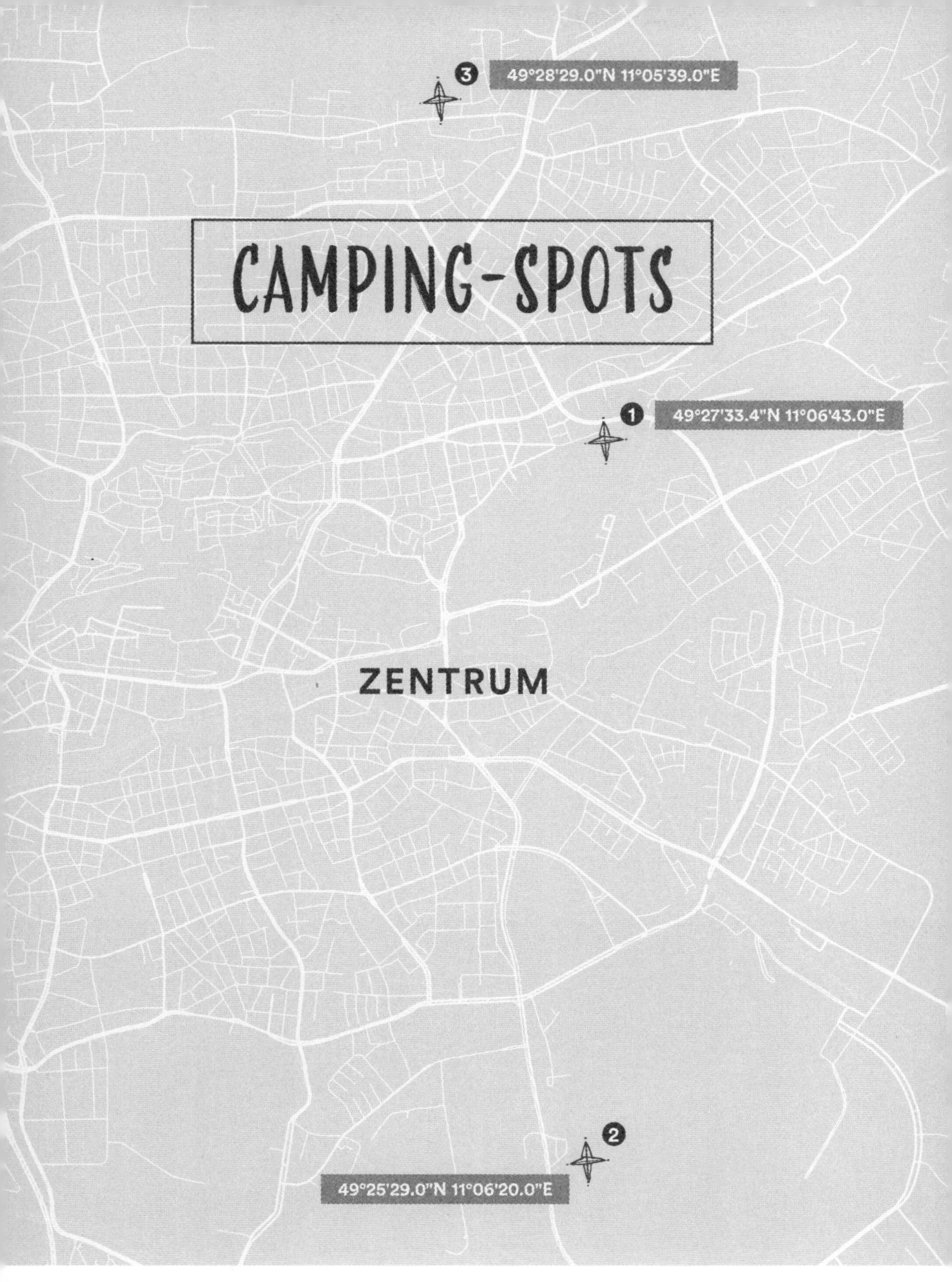

wartskunst. In schönen Räumen wird eine gelungene Mischung aus hochkarätigen Künstlern und Newcomern präsentiert. Nicht so groß und bekannt wie das Germanische Nationalmuseum oder das Neue Museum Nürnberg, aber für Kunstinteressierte sehr empfehlenswert.

Lorenzer Str. 32 // www.kunstkulturquartier.de/kunsthalle

BUNTER MIX IM SÜDEN NÜRNBERGS

2 Im südlichen Stadtteil Langwasser gibt es acht Stellplätze direkt am Volkspark Dutzendteich. Ins Stadtzentrum gelangt man in einer guten halben Stunde mit dem Fahrrad oder der U-Bahn. Wenn dich Geschichte interessiert, das ehemalige Reichsparteitagsgelände und das Dokuzentrum liegen in unmittelbarer Nähe. Sportlich aktiv kannst du hier aber auch gut sein. Das Stadionbad verspricht Abkühlung im Sommer. Die Stellplätze sind bei Durchreisenden als Zwischenstopp beliebt, sodass frühes Anfahren Sinn macht. Ver- und Entsorgung und Strom nicht vorhanden. In der Nähe befindet sich der komfortable Campingpark Knaus, der aber nicht billig ist.

Maximale Parkdauer: 3 Tage
Parkgebühren: keine
Toiletten: keine
Adresse: Alfred-Hensel-Weg
GEO-Koordinaten: 49°25'29.0"N 11°06'20.0"E

UM DIE ECKE

Vorräte auffüllen

Can Türkischer Supermarkt mit sehr guten frischen Lebensmitteln.
Ingoldstädter Straße 53

Hier schmeckt's gut

Landbierparadies Das Landbierparadies ist in Nürnberg eine Institution. Eines der drei Wirtshäuser befindet sich in der Nähe des Spots. Hier kannst du regionale Küche und fränkische Biere verschiedenster Brauereien probieren, saisonal auch Bock- und Festbiere. Nette Atmosphäre, Biergarten und günstige Preise.
Sterzinger Straße 4 // www.landbierparadies.com/sterzinger-strasse.html

Mal was anderes sind die Wasservögel-Tretboote am Dutzendteich.

Auf einen Drink

Z-Bau – Biergarten Das gleichnamige Kulturzentrum betreibt auch einen wunderbar entspannten Biergarten mit Livemusik.

Frankenstr. 200 // www.facebook.com/zbaubiergarten

VON HIER AUS ENTDECKEN

Grüne Oase Dutzendteich

Nürnberg ist reich an grünen Oasen, der Volkspark Dutzendteich auf dem ehemaligen Reichsparteitagareal ist eine der größten. Hier kannst du Joggen, Skaten, Tretboot fahren, Füße ins Wasser hängen, Picknicken oder einfach die Seele baumeln lassen. Aufgrund der Artenvielfalt am See gibt es sogar einen Naturlehrpfad mit 15 Stationen. Einmal im Jahr zieht das Festival Rock im Park Tausende Fans an, die dann rund um den See zelten.

Volkspark Dutzendteich // Münchener Straße 283

Monumentalbauten für die Ewigkeit

Auf dem nahen Reichparteitagsgelände zeugen die verbliebenen Reste monumentaler Naziarchitektur wie die Kongresshalle, das Deutsche Stadion und das Märzfeld von der einstigen Inszenierung der alljährlichen Reichsparteitage der Nationalsozialisten in Nürnberg. Als Mahnmal für die damalige Gewaltherrschaft stehen sie heute unter Denkmalschutz. Ein Spaziergang auf dem Gelände ist genauso beeindruckend wie bedrückend, obwohl auf den Stufen unbefangen Kinder spielen und Jugendliche skaten.

Bayernstraße 110 // museen.nuernberg.de/dokuzentrum/

Dokuzentrum Reichsparteitaggelände

VOM NORDEN AUS RUCKZUCK IN DIE CITY

❸ Hier können Wohnmobile kostenfrei im nördlichen Teil Nürnbergs parken. Der Volkspark Marienberg liegt gleich nebenan mit großen Liegeflächen zum Sonnen, Trimm-Dich-Pfaden und Auslaufmöglichkeiten für Hunde. Auf dem nahen Hügel Marienbuck kannst du die Aussicht auf Park und Stadt genießen, ohne zu merken, dass du eigentlich hier auf dem Schutt des im Zweiten Weltkrieg zerbombten ehemaligen Nürnberger Flughafens stehst. Der Stellplatz befindet sich auf einem Parkplatz, der Untergrund ist geschottert und eben. Die nächste Bushaltestelle ist nur 100 m entfernt, von hier erreichst du die Innenstadt in 15 Minuten.

Maximale Parkdauer: 3 Tage
Parkgebühren: keine
Toilette: leider oft verschmutzt
Adresse: Kilianstraße 189
GEO-Koordinaten: 49°28'29.0"N 11°05'39.0"E

REINSCHAUEN LOHNT SICH

Die Kaiserburg

Die Burg war im Mittelalter eine der bedeutendsten Kaiserpfalzen des Heiligen Römischen Reichs und ist heute noch das Wahrzeichen Nürnbergs. Sie liegt majestätisch auf einem Sandsteinfelsen etwa 50 m über der Stadt. Eine Besichtigung der Außenanlagen mit Blick auf die Stadt gehört eigentlich zum Pflichtprogramm in Nürnberg, vor allem, wenn man sich für Geschichte interessiert.

www.kaiserburg-nuernberg.de

Weißgerbergasse

Eine der besterhaltenen mittelalterlichen Straßenzüge liegt in der Sebalder Altstadt. Die einstigen Handwerkerhäuser in Fachwerkbauweise geben einen guten Einblick in die Architektur und das Leben in früheren Jahrhunderten.

Stilvolle Hesperidengärten

Die barocken Gartenanlagen im Nürnberger Stadtteil St. Johannis waren einst Bestandteil des Grüngürtels entlang der Stadtmauer. Bei einem Spaziergang kannst du die vielen kunstvollen Skulpturen und Brunnen, Kräutergärten, Zitrusbäume und die gepflegte Blumenpracht bewundern. Danach kannst du dich in der Kaffeestube am Eingang mit Kuchen und Waffeln stärken.

Johannisstraße 47

Szeneviertel GoHo

Das lebendige Kreativ- und Künstlerviertel Gostenhof, kurz »GoHo«, erfindet sich jeden Tag neu. Designer- und Vintage-Läden, Hinterhofflohmärkte, kleine Handwerksbetriebe, plüschige Cafés oder vegane Lokale haben sich hier angesiedelt. Eine der hippen Locations ist z. B. das Café Regina mit Shabby-Chic-Interieur. GoHo liegt am Rande der Altstadt und ist gut zu erreichen.

U-Bahnhof Gostenhof, Fürther Straße // www.in-goho.de

UM DIE ECKE

Vorräte auffüllen

Edeka // Rollnerstr. 176

Zeit für einen Kaffee

Caffè Fatal In einer alten Villa mit Gartenbereich. Kreatives Frühstück, sonntags mit Büfett (reservieren!). Lecker sind die hausgemachten Limonaden.
Jagdstraße 16 // caffe-fatal.de

Hier schmeckt's gut

Gregor Samsa Du kannst unter zehn verschiedenen Gulasch-Kreationen wählen – vom Klassiker bis zur veganen Version. Alle Zutaten stammen aus der Region.
Maxfeldstraße 79, Eingang Mörlgasse // www.gregor-samsa.de

Auf einen Drink

Café Bar Wanderer & Wanderer Bieramt Grandiose historische Kulisse nahe der Burg und Szenetreff und einer der schönsten Orte, um mit einem Drink in der Hand den Sonnenuntergang zu genießen.
Beim Tiergärtnertor 2–6 // www.cafe-wanderer.de

VON HIER AUS ENTDECKEN

Historische Felsengänge im städtischen Untergrund

Schon im 14. Jh. wurde im Untergrund ein weit verzweigtes Stollen- und Kellersystem vor allem unter der Nürnberger Altstadt in den Fels geschlagen, hauptsächlich für die Lagerung von Bier bei konstanten Temperaturen von 8–10 °C. Einige der Gänge sind noch zugänglich und können im Rahmen von spannenden Touren mit unterschiedlicher Thematik entdeckt werden: z. B. Dunkelführungen, Erlebnistouren mit Licht- und Toninstallationen oder in Kombination mit einer Altstadtführung.
Bergstraße 19 // www.historische-felsengaenge.de

Nürnberg von unten – Führung durch das Labyrinth der historischen Felsengänge.

WÜRZBURG

Würzburg punktet mit einer tollen Altstadt, vielen interessanten historischen Bauten und der reizvollen Lage am Main umgeben von Weinbergen. Dabei sind die mittelalterliche Festung und die prunkvolle Residenz nur zwei von vielen Attraktionen. Zusätzlich lebt Würzburg vom quirligen, studentischen Flair, von seinen hippen Cafés und einer bunten Kulturszene. Auch die Rebkultur wird in Würzburg ganz großgeschrieben. Der Besuch von mindestens einem Weingut oder Winzer gehört daher auf die Agenda. Es warten tolle Weine und historische Gewölbekeller auf dich.

AN DER RESIDENZ

❶ Aufwachen mit Blick auf eines der ältesten und eindrucksvollsten Bauwerke Würzburgs? Willkommen auf dem Parkplatz der Residenz mitten im Zentrum. In unmittelbarer Nähe gibt es jede Menge Möglichkeiten, Vorräte aufzufüllen und Wäsche zu waschen.

Maximale Parkdauer: keine Begrenzung
Parkgebühren: 11 €/24 Std.
Toiletten: vor Ort
Adresse: Residenzplatz 2
GEO-Koordinaten: 49°47'35.3"N 9°56'14.7"E

UM DIE ECKE

Vorräte aufstocken

Aldi Süd // Eichhornstraße 22

Zeit für einen Kaffee

Café Fred Mit Charme geführtes Café.
Herzogenstraße 4 // www.cafefred.de

Hier schmeckt's gut

Pasta e Olio Italienische Küche nach alten Familienrezepten.
Eichhornstraße 6 // www.pastaeolio.de

Bürgerspital Weinstuben Eines der schönsten und beliebtesten Gasthäuser Würzburgs mit fränkischen Weinen und vorher oder dazu als feste Grundlage mediterran und asiatisch inspirierte fränkische Küche.
Theaterstraße 19 // www.buergerspital-weinstuben.de

Auf einen Drink

Zweiviertel Bar Stylishe Bar direkt gegenüber vom Theater; tagsüber Café und Bistro mit Kuchen und Snacks.
Ludwigstraße 1 A // www.instagram.com/zweiviertel.bar/

VON HIER AUS ENTDECKEN

Zurück in vergangene Zeiten in der Residenz

Raus aus dem Camper, rein ins Barockschloss. Die im 18. Jh. errichtete Residenz gilt als Meisterwerk des europäischen Barocks, ein Gesamtkunstwerk von Architekten, Bildhauern und Malern aus verschiedenen Ländern Europas. Sie ist samt Hofgarten UNESCO-Weltkulturerbe und meistbesuchte Attraktion der Stadt. Der Rundgang führt einmal quer durch die prunkvollen Räumlichkeiten. Beeindruckend ist auch

Bild links: Ein frisches Helles mit Blick vom Main Kutter auf die Festung.

WAS CAMPER HIER WISSEN MÜSSEN

Keine Frage, ein Lagerfeuer ist romantisch, allerdings ist Feuermachen am Mainufer grundsätzlich verboten. Außerdem sollten die Stellplätze natürlich immer so verlassen werden wie sie vorgefunden wurden. Das Viertel rund um den Hauptbahnhof würden wir in Sachen Freistehen lieber meiden.

der barocke Hofgarten mit seinen Putten und Skulpturen und eigenwillig in Kegelform geschnittenen Eiben im Südgarten.
Residenzplatz 2 // www.residenz-wuerzburg.de

Hofkirche
Man muss barocke Fülle lieben, dann ist die Hofkirche mit ihren Putten, Stuck, gedrehten Säulen, Malereien und üppiger Goldzier einen Besuch wert, in jedem Fall der Inbegriff einer Barockkirche, wie man sie sich vorstellt.
Residenzplatz 2 // www.residenz-wuerzburg.de // kein Eintritt

Ein Schoppen in einem der schönsten Weinkeller der Welt
Tief im Inneren der Residenz liegt der Staatliche Hofkeller. Hier gilt es spektakuläre 4557 m² Kellerlabyrinth des ehemaligen Fürstbischöflichen Weinkellers zu entdecken. Samstags und an bundesweiten Feiertagen gibt es öffentliche Führungen durch die historischen Kellergewölbe. Da der Camper ja direkt vor der Tür parkt, steht einer Weinprobe in einem der unglaublich schönen Kellerräume nichts mehr im Weg.
Residenzplatz 3 // www.hofkeller.de

AM HISTORISCHEN RINGPARK

❷ Entlang des 3,5 km langen, historischen Ringparks, der die barocke Altstadt wie ein grüner Gürtel von der Löwenbrücke bis zur Friedensbrücke umspannt, gibt es jede Menge kostenloser Parkplätze. Diese liegen alle sehr zentral zur Innenstadt. Und auch hier sind in unmittelbarer Nähe Toiletten, außerdem Möglichkeiten zur Müllentsorgung und Wäsche zu waschen vorhanden. Besonders schön und ruhig gelegen sind die Plätze entlang der Philipp-Schrepfer-Allee.

Maximale Parkdauer: keine Begrenzung
Parkgebühren: keine
Toiletten: Am Rennweg
Adresse: Philipp-Schrepfer-Allee
GEO-Koordinaten: 49°47'41.1"N 9°56'34.1"E

UM DIE ECKE

Vorräte aufstocken
Norma // Sartoriusstraße 7

Zeit für einen Kaffee
Café/Bar Lenz Hausgemachte Köstlichkeiten in hippem Ambiente.
Spiegelstraße 21 // www.instagram.com/cafe_bar_lenz/

Hier schmeckt's gut
Zweiviertel – la famiglia Ausgefallene Pizzen in toller Atmosphäre.

CAMPING-SPOTS

Ludwigstraße 1 // www.instagram.com/zweiviertel.lafamiglia/

Nushu Best Sushi in Town
Theaterstraße 3A // www.instagram.com/at_nushu/

VON HIER AUS ENTDECKEN

Ins Grüne abtauchen
Raus aus dem Van und rein ins Grüne. Bei gutem Wetter kann man mit einem Picknick im historischen Ringpark mit seinen 4800 Bäumen perfekt den Tag ausklingen lassen. Besonders schön und üppig bepflanzt ist der Teil rund um die Teichanlage des sogenannten »Klein-Nizza«.

AUFWACHEN AM MAIN MIT BLICK AUF DIE FESTUNG

❸ Den Kaffee am Morgen mit Blick auf die historische Festung genießen und am Abend beobachten wie die Sonne hinter dem imposanten Gebäude untergeht. Das ist möglich im Stadtviertel Sanderau. Die gepflasterten Stellplätze befinden sich direkt am Main und sind außerdem kostenlos. Von hier ist es nur ein Katzensprung in die Altstadt und das Hallenbad Sandermare ist ebenfalls in fünf Minuten zu Fuß zu erreichen. Alternativ besteht die Möglichkeit für eine Abkühlung direkt in den Main zu springen. Obwohl der Parkplatz nur zwei Mi-

Auf der Alten Mainbrücke trifft man sich abends zum Brückenschoppen.

nuten von unserer Wohnung entfernt ist, haben wir dort schon die eine oder andere Nacht im Camper verbracht.

Maximale Parkdauer: keine Begrenzung
Parkgebühren: keine
Toilette: Auf der anderen Seite der Ludwigsbrücke
Adresse: Kurt-Schumacher-Promenade
GEO-Koordinaten: 49°47'04.1"N 9°55'39.9"E

UM DIE ECKE

Vorräte aufstocken

kupsch-Markt Kleiner, gut ausgestatteter Supermarkt im Herzen der Sanderau.
Eichendorffstraße 3

Unverpackt Würzburg Die netten Inhaber verkaufen alles, was in mitgebrachte Behältnisse passt und im Alltag benötigt wird, aber auch nicht Alltägliches wie Leindottersamen.
Sanderstraße 5 // www.facebook.com/UnverpacktWuerzburg

tegut Supermarkt mit Produkten aus der Region.
Virchowstraße 2

Zeit für einen Kaffee

Sturbock Café In dem kleinen veganen/vegetarischen Café gibt's Kuchen und kleine Gerichte.
Münzstraße 5 // www.instagram.com/sturbock_cafe

Café Rudowitz Kaffee mit hausgemachten Kuchen und frisch zubereiteten Snacks in wunderschöner Shabby-Chic- und Landhausatmosphäre.
Sanderstraße 10A // www.cafe-rudowitz.business.site

Hier schmeckt's gut

Ararat Türkische Küche in entspannter Umgebung.
Huttenstraße 17 // www.ararat-restaurant.de

Veggie Bros 100 Prozent vegetarisches, frisches und leckerstes Fastfood.
Sanderstraße 3 // www.veggiebros.de

Main Kutter Lecker Fish & Chips, Fischbrötchen, lokaler Wein und Bier mit schönstem Ausblick.
Mainkai 1 // www.instagram.com/mainkutter/

Pizzaria Locanda Riesige sehr gute Pizzen in idyllischer Lage mit Blick auf die Festung.
Kranenkai 1 // www.locanda.de

Auf einen Drink

Loma Bar mit entspannter Atmosphäre und günstigen Drinks.
Sanderstraße 7 // www.loma-bar.com

VON HIER AUS ENTDECKEN

Spaziergang am Würzburger-Ufer
Besonders schön ist ein Spaziergang am Abend entlang der Mainpromenade mit Blick auf die beleuchtete Festung.
Oberer Mainkai

Alte Mainbrücke und traditioneller Brückenschoppen
Die Alte Mainbrücke ist die älteste steinerne Brücke Würzburgs mit acht Bogenöffnungen und sage und schreibe zwölf bis zu 4,5 m hohen Brückenheiligen. Jeden Abend trifft man sich dort zum legendären Brückenschoppen (ein Schoppen ist ein Viertelliter Wein). Die tolle Aussicht und die Musik der Straßenkünstler gibt's kostenlos on top.
Alte Mainbrücke

ÜBER DEN DÄCHERN DER STADT

❹ Übernachten hoch oben auf einem Hügel, umgeben von historischen Burgmauern und dem Flair vergangener Jahrhunderte. Dieses einmalige Erlebnis bekommt man im Burggraben der Festung Marienberg. Von hier kannst du ganz wunderbar die Festung und das dort ansässige Museum erkunden oder ein Würzburger Bier in der Burg-Gaststätte genießen. Ein einfacher und romantischer Fußweg führt direkt in die Altstadt.

Maximale Parkdauer: keine Begrenzung
Parkgebühren: 5 €/24 Std.
Toilette: keine
Adresse: Oberer Burgweg 1B
GEO-Koordinaten: 49°47'23.6"N 9°54'58.2"E

UM DIE ECKE

Vorräte aufstocken

Lidl // Leistenstraße 25

Zeit für einen Kaffee

Caféhaus Brückenbäck Liebevoll eingerichtetes Café mit wundervollem Blick auf den Main.

Tor in der Marienberg-Festung

REINSCHAUEN LOHNT SICH

Buntes Treiben auf dem Marktplatz

Bei einem Spaziergang durch die Altstadt solltest du unbedingt dem Marktplatz einen Besuch abstatten. Viermal pro Woche (Di/Mi, Fr/Sa, 7–18, Sa bis 16 Uhr) breiten Bauern und Erzeuger aus der näheren und weiteren Umgebung ihre Produkte und Erzeugnisse aus, darunter auch typische mainfränkische Spezialitäten wie die Blauen Zipfel. Bei der Gelegenheit kannst du am Marktplatz die Marienkapelle (Nr. 7) und das Falkenhaus (Nr. 9) mit seiner schönen Rokoko-Fassade bewundern. Im Gebäude befindet sich die Tourist-Information.

Unterer Marktplatz

Gemütlicher Aufstieg zum Käppele

Wer sich nach dem Besuch der Altstadt noch etwas sportlich betätigen möchte, kann den Hügel hoch zur Wallfahrtskirche Käppele mit ihrem markanten Ensemble von Zwiebeltürmen on top marschieren. Der steile Aufstieg wird mit einer tollen Aussicht auf die Stadt belohnt. Der Stationenweg führt auf 256 Stufen an 77 Figuren und 14 Stationskapellen vorbei. Von jedem der fünf Zwischenabschnitte hat man einen anderen Blinkwinkel auf Würzburg.
Und wenn du schon mal oben bist, dann schau dir die Kirche und ihre schöne Orgel auch einfach von innen an.

Spittelbergweg 21 // www.kaeppele-wuerzburg.de

Weinwandern auf dem Stein-Wein-Pfad

Der 4 km lange Panoramarundweg führt durch das bekannte Weingebiet Würzburgs und punktet mit tollen Ausblicken aus der Vogelperspektive auf die Stadt. Start für den Rundweg ist das Schlosshotel Steinburg oder das Weingut am Stein. Auf 25 Stelen unterwegs erfährst du alles zu den Weinen und Weinlagen, Weinbau und Geschichte. Und das Beste: mehrere Weingüter mit ihren Vinotheken liegen am Wegesrand, wo du den einen oder anderen Wein gleich degustieren kannst. Ein Faltblatt mit Wegbeschreibung kannst du auf der Website downloaden.

Reußenweg 2 // www.wuerzburger-steinweinpfad.de

Einige Spazierwege führen durch die Weinberge rund um die Festung.

Zeller Straße 2 // www.cafehaus brückenbäck.de

Hier schmeckt's gut

Osteria Trio Wie ein Kurzurlaub in Italien – frisch zubereitete Gerichte und supergute Auswahl an Pizzen.
Spitalgasse 1 // www.facebook.com/OsteriaTrio/timeline

VON HIER AUS ENTDECKEN

Spaziergang in den Weinbergen
Durch die Weinberge am östlichen und südlichen Hang der Festung führen schöne Wanderwege. Hier kannst du einen wunderschönen Morgenspaziergang machen und den herrlichen Blick auf die Stadt genießen.

Zeitreise ins Mittelalter
Herzstück der Festung, das wohl bekannteste Wahrzeichen Würzburgs, ist der 1300 m² große Fürstengarten. Im Inneren der Burg ist außerdem das Museum für Franken sowie eine gutbürgerliche Gaststätte untergebracht. Eine Führung durch die staubigen Gemäuer ist unserer Meinung nach nicht unbedingt notwendig, der Ausblick von den Burgmauern ist Knüller genug.
Festung Marienberg / Marienberg

Unterhaltung im ehemaligen Zuchthaus
Im Kulturzentrum Cairo am Fuße der Festung kannst du Konzerten lauschen, Improtheater und Festivals besuchen und dich nach interessanten Aktionen und Einzelveranstaltungen wie Kleidertauschbörse, vegane Gerichte kochen oder Tanzen umschauen. Nebenan kannst du dich auch ins dazugehörige Café Cairo setzen.
Kulturhaus Cairo // Fred-Joseph-Platz 3 // cairo.wue.de

HEIDELBERG

Heidelbergs romantische Altstadt zieht jährlich Tausende Besucher aus aller Welt an. Die reizvolle Lage am Neckar mit der Alten Brücke und dem Heidelberger Schloss am Nordhang des Königstuhls sind alles gute Gründe, der beschaulichen badischen Universitätsstadt einen Besuch abzustatten. Nicht zu vergessen, die 1,6 km lange Fußgängerzone der Altstadt mit ihren malerischen Winkeln, Gassen und Plätzen.

NAH AM SCHLOSS

❶ Dieser Spot ist etwas Besonderes, denn man steht hier unterhalb des Schlosses. An sonnigen Tagen bieten die Bäume ausreichend Schatten. Tagsüber ist sehr viel Besucherverkehr, nachts ist es umso ruhiger und es lässt sich hier super übernachten.

Maximale Parkdauer: keine Begrenzung
Parkgebühren: 8–19 Uhr 2,10 €/Std.
Toilette: keine
Adresse: Schloss-Wolfsbrunnenweg 24
GEO-Koordinaten: 49°24'47"N 8°43'16"E

UM DIE ECKE

Vorräte aufstocken

nah und gut Supermarkt mit frischen und regionalen Produkten.
Hauptstraße 198

Der kleine Spanier Spezialitäten und Tapas von der iberischen Halbinsel.
Obere Neckarstraße 1 // www.der-kleine-spanier.de

Zeit für einen Kaffee

Schiller's Café Hübsche Wohnzimmeratmosphäre, leckere Kuchen und kleine Speisen; gutes Sortiment für Allergiker.
Heiliggeiststraße 5

Café Bar Grano Chilliges Café mit Außenterrasse, Kaffee- und Teespezialitäten, Kuchen und Drinks.
Kornmarkt 9 // www.cafe-bar-grano.de

Coffee Ice Cream and More Hausgemachte Eis- und Kuchenspezialitäten, liebevoller Retro-Style.
Marktplatz 6

Hier schmeckt's gut

Weinstube Witter Hier gibt's unterschiedlich belegte Flammkuchen und Wein.
Hauptstraße 224 // www.weinstube-witter.de

Schnitzelhaus Alte Münz 101 Schnitzelvariationen von guter Qualität, da fällt die Wahl schwer.
Neckarmünzgasse 10 // www.schnitzelhaus-hd.de

Kulturbrauerei Badische und mediterran inspirierte Frischeküche und hausgebrautes Bier in urigem Wirtshausambiente.
Leyergasse 6 // www.heidelberger-kulturbrauerei.de

Bild links: Vom Schloss hat man einen großartigen Ausblick auf die Altstadt.

Auf einen Drink

Bent Bar Kleine unauffällige Bar mit großer Auswahl an hochwertigen Cocktails. Sehr beliebt.
Leyergasse 2 // www.bentbar.de

VON HIER AUS ENTDECKEN

Kurfürstliches Karlstor

Das Tor im Stil eines Triumphbogens am östlichen Ende der Altstadt wurde als Dank an den Kurfürsten Karl Theodor für dessen Förderung von Handel und Gewerbe in den Jahren 1775 bis 1781 errichtet. Zwei Pfälzer Löwen zieren das kurpfälzische Wappen oben auf der Ostseite. Aber wegen der hohen Baukosten wurde das Tor bis zum heutigen Tag nie vollendet.
Hauptstraße 250

Zu Besuch im Heidelberger Schloss

Mächtig thront das weltberühmte Heidelberger Schloss aus rotem Natursandstein 80 m hoch über dem Neckar. Ursprünglich von Pfalzgrafen im 13. Jh. errichtet und später immer wieder erweitert, zählt es heute mit seinen Renaissancepalästen zu den bedeutendsten Denkmälern Deutschlands. Es wäre also ein Riesenversäumnis, die gut erhaltene Schlossruine, bei Poeten und Literaten ein Inbegriff der Romantik, und den nicht minder berühmten Schlossgarten »Hortus Palatinus« nicht zu besuchen, zumal die 9 Euro für den Eintritt auch die Hin- und Rückfahrt mit der Bergbahn enthalten. Für einen kleinen Aufpreis kann man an thematisch vielfältigen Führungen teilnehmen.
Schlosshof 1 // www.schloss-heidelberg.de

WAS CAMPER HIER WISSEN MÜSSEN

Parkplätze sind in Heidelberg äußerst rar und in Altstadtnähe immer kostenpflichtig, wer also in Zentrumsnähe stehen möchte, muss bereit sein, dafür zu zahlen. Dafür bietet der relativ zentrale Wohnmobilstellplatz alle Serviceeinrichtungen, die man braucht. Freistehen ist praktisch nur an der Peripherie möglich.

Deutsches Apothekenmuseum

Wer sich für die Geschichte und Entwicklung von Arzneimitteln, Heilkunde und Pharmazie interessiert, findet im Apothekenmuseum anschauliche Exponate und Themeninseln.
Schloss Heidelberg // www.deutsches-apotheken-museum.de

Haus der Astronomie und Landessternwarte

Für Astronomiefans ist das moderne Haus der Astronomie und die 1898 errichtete Sternwarte ein echtes Highlight. Die Sternwarte wird heute vor allem für astrophysikalische Forschungen genutzt und untersucht schwerpunktmäßig aktive Galaxien und Quasare. Bei einer Führung bekommt man einen Einblick in die Welt der Sterne und hat außerdem einen tollen Blick über die Stadt Heidelberg.
Königsstuhl 12/17 // www.lsw.uni-heidelberg.de
Führungen und Veranstaltungen: www.haus-der-astronomie.de

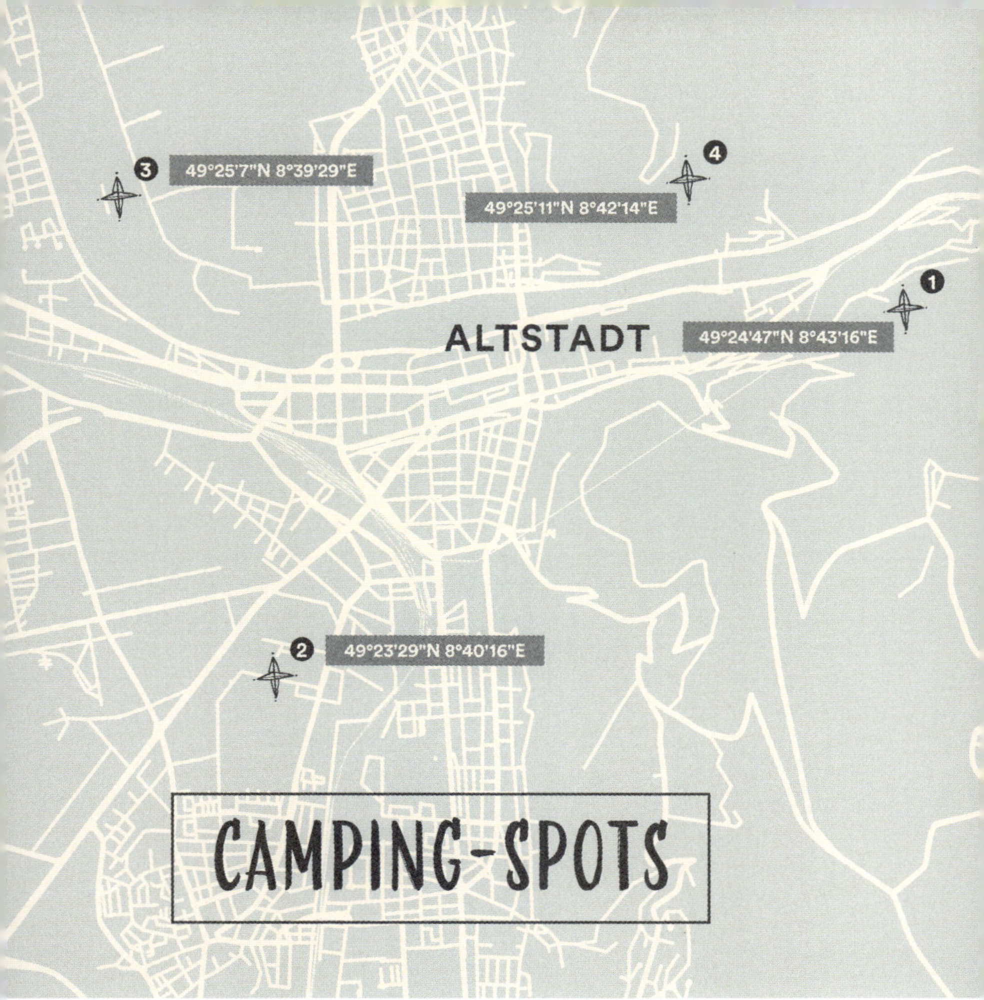

BEZAHLBARER SERVICE-STELLPLATZ

❷ Der Wohnmobilstellplatz Heidelberg in der Südstadt ist ein moderner und ruhiger Schotterplatz. Hier findet man alles was man für das Reisen mit dem Camper benötigt: Toiletten, Duschen, Entsorgungsstation. Nebenan befindet sich ein großes Sport- und Freizeitzentrum mit Ruderklub, Kletter- und Boulderzentrum, Trampolinpark und Gastronomie. Bus- sowie Straßenbahnhaltestelle sind in der Nähe.

Maximale Parkdauer: keine Begrenzung
Parkgebühren: 15 €/Tag
Toiletten und Dusche: am Platz
Adresse: Harbigweg 3
GEO-Koordinaten: 49°23'29"N 8°40'16"E

UM DIE ECKE

Vorräte aufstocken

Rewe // Im Franzosengewann 3

altnatura Biosupermarkt, führt auch regionale Produkte.
Langer Anger 7

Zeit für einen Kaffee

Café Balthazar Modernes Bistro mit delikaten Snacks, Kaffee und Kuchen.
Schwetzinger Terrasse // www.balthazar-bahnstadt.de

Hier schmeckt's gut

Restaurant Makedonia Grillrestaurant für großen Hunger zu günstigen Preisen.
Pleikartsförster Str. 130 // www.makedonia-hd.de

Mandy's Railway Diner In einem umfunktionierten Zugwaggon aus den 1950er-Jahren kann man »american style« frühstücken, lunchen und dinieren.
Speyerer Str. 1 // www.mandys-hd.de

Auf einen Drink

Heimkabine Im Sportzentrum mit Barbetrieb und kleinen Speisen. Wirklich gut! Außenterrasse.
Harbigweg 10 // www.m.facebook.com/heimkabine.heidelberg

NEO Stylishes Ambiente, großes Angebot an Drinks und Snacks, Soul Food und Sushi.
Zollhofgarten 2 // www.neo-heidelberg.de

VON HIER AUS ENTDECKEN

Rundgang durch die Heidelberger Altstadt

Heidelbergs historische Altstadt ist in erster Linie eine lebhafte Einkaufsmeile und buntes Wohnviertel, in dem auch die Alte Universität ihr Domizil hat. Mit ihren hübschen Altbauten, Gassen, Plätzen, dem Neckarufer und den zahlreichen Cafés und Lokalen kann man hier gut den Tag verbringen.

Der Kornmarkt

Er ist das pittoreske Herz der Altstadt zu Füßen des Schlosses. Auf dem Pflaster erkennt man noch die Umrisse des Heilig-Geist-Spitals, das hier einmal stand.

Vom Kornmarkt hat man einen prima Fotografierwinkel fürs Schloss.

Ganz dem Zeitgeist entsprechend nennen die jüngeren Heidelberger den auffälligen Muttergottesbrunnen in der Platzmitte jetzt »Kornmarkt Madonna«!

Universität und Studentenkarzer
Das Hauptgebäude der ältesten Universität Deutschlands befindet sich mitten in der Altstadt. Für 3 Euro kann man im Universitätsmuseum im Erdgeschoss, in der prachtvollen Aula im 1. Stock und vor allem auch im Studentenkarzer auf der Rückseite der Alten Uni in der Augustinergasse Spannendes über die Geschichte und die Gepflogenheiten in der ehrwürdigen Bildungsstätte erfahren.
Universitätsmuseum // Grabengasse 1
Studentenkarzer // Augustinergasse 2

Alte Brücke
Die Alte Brücke ist eine schöne Bogenbrücke, die im Jahr 1788 aus rotem Sandstein erbaut wurde. Sie verbindet die Altstadt mit dem Stadtviertel Neuenheim und beheimatet den Heidelberger Brückenaffen. Diese Bronzestatue wurde im Jahr 1779 dort aufgestellt und ist ein beliebter Fotospot bei Touristen. Um das schönste Motiv von der Brücke zu fotografieren, musst du freilich die Brücke verlassen und der Altstadt gegenüber, also stromabwärts, 30–40 m am Neckar entlang gehen, dann bekommst du auch noch das Schloss mit drauf.

AM NECKAR IN UNI-NÄHE

❸ Der schattige Stellplatz im Nordwesten der Stadt liegt am Neckar und neben dem Tiergartenbad (Freibad). Dank der nahen Uni-Klinik nebst Uni-Campus und Zoo ist fast alles in der Nähe: Einkaufen,

Die alte Universitätsbibliothek

Restaurants, Café, sogar ein Beachklub. Die etwa 4 km entfernte Altstadt ist gut fußläufig oder mit den Bussen ab Haltestelle Schwimmbad erreichbar.
Maximale Parkdauer: keine Begrenzung
Parkgebühren: 10 €/24 Std.
Toiletten: keine
Adresse: Tiergartenstraße
GEO-Koordinaten: 49°25'7"N 8°39'29"E

UM DIE ECKE

Vorräte aufstocken
Rewe und Drogerie Rossmann im Einkaufszentrum
Berliner Straße 49

Zeit für einen Kaffee
Café Botanik Auf dem Unicampus vom Studierenden-Werk betrieben.
Im Neuenheimer Feld 304

Café Frisch Solides Frühstück und feine Backwaren.
Jahnstraße 34 // www.cafe-frisch.de

REINSCHAUEN LOHNT SICH

Heiliggeistkirche und der Marktplatz

Nördlich der Hauptstraße erstreckt sich der größere der beiden Plätze in der Altstadt und Standort des Wochenmarkts. Am östlichen Ende erhebt sich die imposante Heiliggeistkirche. Zwei Jahrhunderte diente sie – nur durch eine Scheidewand getrennt – beiden christlichen Hauptreligionen für ihre Gottesdienste. Erst 1936 ging sie ganz in den Besitz der Evangelischen Kirche über. Vom Kirchturm, den man besteigen kann, hat man eine wunderbare Aussicht über die Dächer Heidelbergs, auf das Schloss und den Neckar. Rings um den Marktplatz gruppieren sich jede Menge Cafés und Lokale.

Hauptstraße – die längste Fußgängerzone Europas

Heidelberg besitzt mit ihrer 1,6 km langen Hauptstraße die längste Fußgängerzone Europas. Mit ihren vielen Geschäften und Lokalen lädt sie zum Shoppen, Flanieren, Spazierengehen und Verweilen ein.

S-Printing Horse

Die originelle Skulptur im Straßenbild in Bahnhofsnähe ist 13 m hoch und 90 t schwer und besteht aus Edelstahl und Aluminium. Sie gilt als eine der größten Pferdeskulpturen der Welt und ist seit ihrem Aufbau im Jahr 2000 beliebtes Fotomotiv.

Kurfürsten-Anlage 60

Hier schmeckt's gut

Bräustädel Brauhaus mit coolem Ambiente, Brauhausküche und gutem Bier.
Berliner Straße 41 // www.braeustadel.de

Pizzeria Roseto Tolle Auswahl bei den Pizzen, im Sommer schöne Terrasse.
Tiergartenstraße 9 // www.ristorante-roseto.de

Auf einen Drink

Heidelbeach Von Ende Mai bis in den Spätsommer versprüht dieser Beachklub Urlaubsfeeling.
Tiergartenstr. 13 // www.heidelbeach.de

VON HIER AUS ENTDECKEN

Zoo Heidelberg
Der Zoo ist bekannt für seine große Artenvielfalt. Hier kannst du Löwen, Tiger, Pandas und Elefanten in liebevoll gestalteten Quartieren beobachten oder sogar einen halben Tag lang einen Tierpfleger begleiten.
Tiergartenstraße 3 // www.zoo-heidelberg.de

RUHIGER STELLPLATZ AUF DEM HEILIGENBERG

❹ Wer es gern ruhiger hat, ist hier genau richtig. Auf dem großen Parkplatz auf dem Heiligenberg nördlich der Altstadt genießt man einen tollen Ausblick auf das Schloss. Tagsüber ist zwar viel Wanderverkehr, nachts hingegen sehr ruhig. Die Anfahrt ist allerdings sehr steil und eng, deshalb nur für kleinere Camper geeignet.
Maximale Parkdauer: keine Begrenzung
Parkgebühren: keine
Toiletten: keine
Adresse: Heiligenberg
GEO-Koordinaten: 49°25'11"N 8°42'14"E

UM DIE ECKE

Vorräte aufstocken
Lidl // Brückenstraße 47

Hier schmeckt's gut
Waldschenke Heidelberg Gasthaus mit Biergarten, schmackhafte deutsche Küche.
Auf dem Heiligenberg 1 // www.waldschenke-heidelberg.de

VON HIER AUS ENTDECKEN

Den Philosophenweg entlang spazieren
Einst wanderten die Gelehrten auf dem aussichtsreichen Weg am Südhang des Heiligenbergs und ließen sich vom wundervollen Blick über Heidelberg inspirieren. Ein etwa einstündiger Rundgang führt vom Philosophenweg über den Schlangenweg zur Alten Brücke, dann am Neckar entlang und auf der anderen Neckarseite durch die Altstadt.

Klosterruine St. Michael und Thingstätte
Das Michaelskloster auf dem Heiligenberg wurde im 9. Jh. errichtet und im 16. Jh. aufgegeben. Die zum Teil gut erhaltenen Ruinen sind heute ein beliebter Ausflugsort in Heidelberg. Das gilt auch für die nahegelegene Thingstätte, das von den Nationalsozialisten nach antikem Vorbild für Propagandaveranstaltungen errichtete große Amphitheater. Es geriet aber in Vergessenheit und ist dem Verfall überlassen.
Auf dem Heiligenberg 1

Spaziergang auf dem Philosophenweg

STUTTGART

Stuttgart ist vielleicht keine Weltstadt, dennoch gibt es in der Schwabenmetropole viel zu bestaunen: Neben viel Kultur, interessanten Museen unter anderem die Staatsgalerie, das Kunst- und Linden-Museum sowie zahlreichen Galerien gibt es auch viel Grün in den Parks und in der Wilhelma. Dank der besonderen Kessellage bietet Stuttgart fantastische Aussichtspunkte und für diejenigen, die ganz hoch hinauswollen, den Fernsehturm. Nicht zu vergessen – die schwäbische Küche, also Maultaschen satt, Spätzle, Zwiebelrostbraten, dazu süffige Weine von den nahen Weinbergen oder ein Stuttgarter Hofbräu. Bier und Wein gibt's natürlich auch in den unzähligen Kneipen, Bars und Diskotheken. Aufgrund der florierenden Wirtschaft und den guten Erwerbsmöglichkeiten wächst die Bevölkerung stetig, was sich im bunten Stadtbild zeigt.

RUHE AM WALDFRIEDHOF

❶ Dieser ruhige Spot befindet sich im Degerlocher Mischwald im Stuttgarter Süden. Hier gibt es sprichwörtlich Platz zum Liegen. Die Parkplätze sind alle weitestgehend eben, sodass du hier problemlos eine gemütliche Nacht verbringen kannst.

Maximale Parkdauer: 1 Nacht
Parkgebühren: keine
Toilette: keine
Adresse: Eugen-Dolmetsch-Straße, Degerloch
GEO-Koordinaten: 48°45'05.6"N 9°08'52.4"E

UM DIE ECKE

Vorräte aufstocken

Edeka Degerloch In der belebten Epplestraße gibt's u. a. auch einen Alnatura-Supermarkt und einen dm-Drogeriemarkt.
Epplestraße 4

Zeit für einen Kaffee

Café Justus »Schmeck den Süden«: Eier vom Hofladen, Kaffee aus Röstereien der Region, selbstgemachte Marmeladen. DAS Café im Heusteigviertel.
Olgastr.118 // www.cafejustus.de

Hier schmeckt's gut

Imme Vierzehn Küche, Wohnzimmer, Bar. Hier kannst du prima schwäbische Klassiker testen oder dich dem flüssigen Angebot der Bar widmen.
Immenhoferstr. 14 // www.imme14.de

Das Lehen Wunderbare, noch im ursprünglich Zustand erhaltene Eckkneipe. Gute Küche, gemütlich, einfach klasse!
Lehenstr. 13 // www.classiclehen-stuttgart.de

Auf einen Drink

Le petit coq Die im Stil der 1920er-Jahre eingerichtete Wohlfühlbar punktet mit einer kreativen Cocktailauswahl sowie Jazz- und Burlesque-Abenden.
Hauptstätter Straße 59 // www.lepetitcoq.de

Bild links: Um die Mittagszeit herum ist der Kleine Schlossplatz ziemlich belebt.

VON HIER AUS ENTDECKEN

Erlebnisspaziergang Waldfriedhof
Alte Friedhöfe sind oft interessante Erlebnispfade, so auch der über 100 Jahre alte Waldfriedhof mit seinem beeindruckenden Baumbestand, Flora und Fauna. Viele lokale und bundesweit prominente Persönlichkeiten sind hier begraben, beispielsweise Theodor Heuss, der erste Präsident der Bundesrepublik, ferner prominente Unternehmer wie Bosch und Bauknecht, Künstler, Musiker und Literaten.
Waldfriedhof 3 // www.stuttgart.de/leben/natur/friedhoefe/

Biken auf dem Woodpecker-Trail
Der Stellplatz ist auch ein idealer Ausgangspunkt für Spazierengehen, Wandern oder Biking, Beispielsweise gibt es auf dem Woodpecker-Trail in der Nähe eine Downhill-Strecke für Mountainbiker, mit einer Länge von etwa einem Kilometer und 27 Hindernissen (nur mit geeigneter Schutzausrüstung zu befahren, unter 14 Jahren nur in Begleitung Erwachsener).
Helene-Pfleiderer-Straße 19 // www.stuttgart.de/leben/sport/sportstaetten/downhill-strecke.php

Nostalgische Standseilbahn
Die originelle Standseilbahn verbindet seit 90 Jahren den Südheimer Platz mit dem Waldfriedhof. Bei der Fahrt überwindet die Linie 20 knapp 90 Höhenmeter. Innen mit Teak- und Mahagoniholz ausgebaut, versprüht die Bahn nostalgischen Charme.
Südheimer Platz // www.ssb-ag.de // Fahrplan: www3.vvs.de

WAS CAMPER HIER WISSEN MÜSSEN

Stuttgart gehört zu den sichersten Städten im Bundesgebiet. Trotzdem gilt: Wenn du dich aus unerfindlichen Gründen an einem Stellplatz nicht sicher und wohl fühlst: Such dir einen anderen Stellplatz! Dein Bauchgefühl wird es dir danken.

MITTENDRIN AM ROTEBÜHLPLATZ

❷ Mitten in der City, aber dafür leider nicht kostenlos. Obwohl direkt in der Stadt, ist es hier vergleichsweise ruhig und grün. Allerdings sind nur Camper bis 2,8 t zugelassen. Öffentliche Toiletten, Einkaufs- und Einkehrmöglichkeiten sind fußläufig innerhalb weniger Minuten erreichbar.
Maximale Parkdauer: 1 Nacht
Parkgebühren: 12 €/24 Std.
Toiletten: in der Nähe
Adresse: Rotebühlplatz 30
GEO-Koordinaten: 48°46'28.0"N 9°10'07.5"E

UM DIE ECKE

Vorräte aufstocken
Kiosko Eine hippe Mischung aus Café, Kiosk und Treffpunkt.
Johannesstraße 9a

Hier schmeckt's gut
DO's Vietnam Street Food Leckere Asienküche immer frisch zubereitet zu

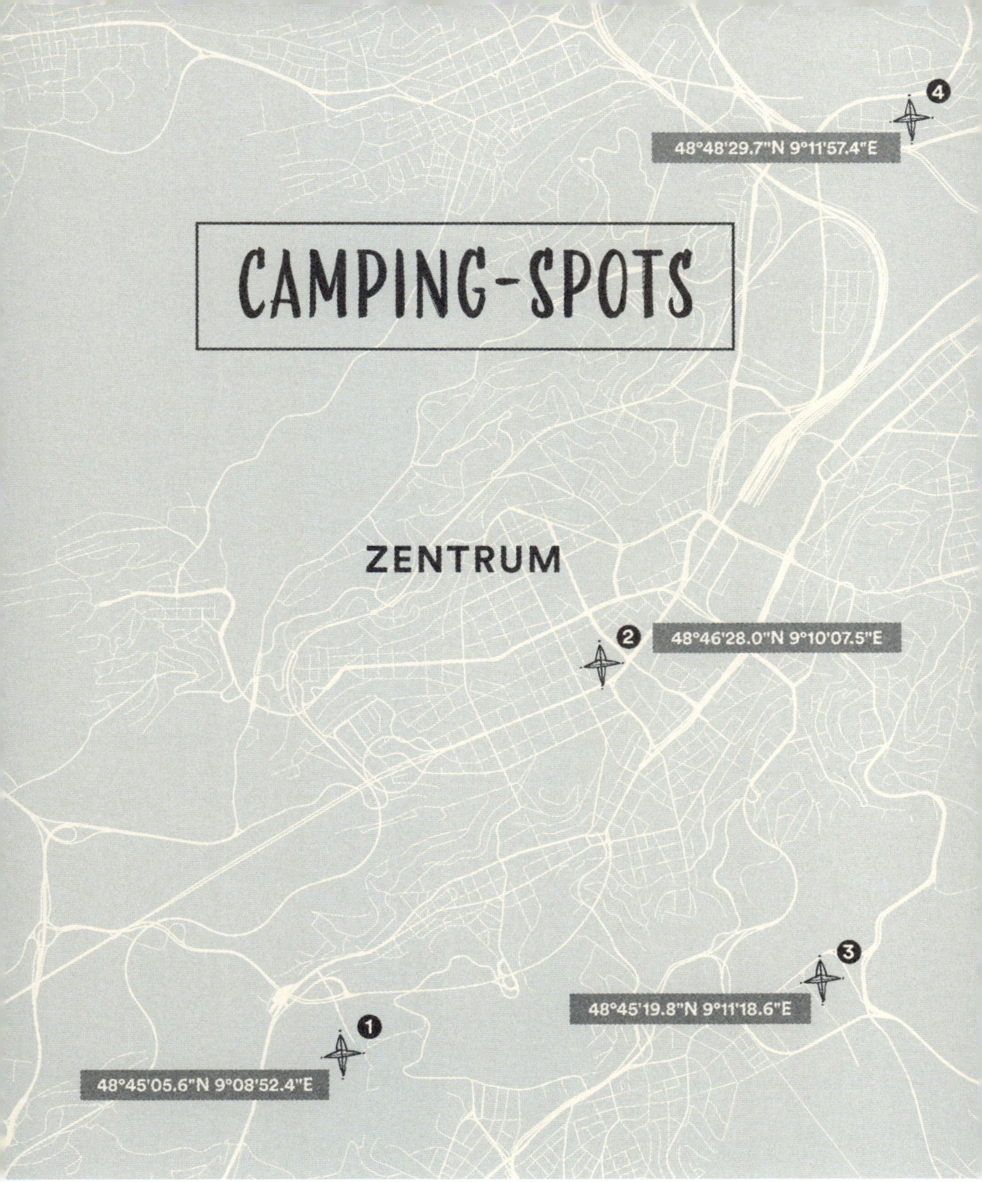

fairen Preisen, auch vegane Gerichte. Außenplätze bei gutem Wetter.
Tübinger Str.15 // www.dos-stuttgart.de

Café Raupe Immersatt Nicht gerade um die Ecke, aber besonders: In diesem Foodsharing-Café bezahlst du das, was dir dein Verzehr wert ist. Im so genannten »Fairteiler« befinden sich ökologisch und fair hergestellte gerettete Lebensmittel zum Sofortverzehr oder auch zur Zubereitung im Camper.
Johannesstr. 97 // www.raupeimmersatt.de

Auf einen Drink

Club Zentral Mit Drinks und Musik, aber auch mit gelegentlichem Im-

REINSCHAUEN LOHNT SICH

Auf einen Tee im Jugendstilpavillon

Das Teehaus im Weißenburgpark wurde vor über 100 Jahren vom Seifenfabrikant Sieglin gebaut, damit die Gemahlin zum Tee einladen konnte. Heute ist der charmante Ort mit Terrasse im Grünen, Teich und Brunnen auf Halbhöhenlage ein gefragter Treffpunkt der Stuttgarter. Von der Aussichtsplattform im Park ist der Rundblick fantastisch.

Hohenheimer Str. 119 //www.teehaus-stuttgart.de

Porsche-Museum

Geschwindigkeitsrausch und formschöne Designs – das Porsche-Museum mit den rund 100 Exponaten beseelt nicht nur Autofans.

Porscheplatz 1, am S-Bahnhof Neuwirtshaus // www.porsche.com/germany/aboutporsche/porschemuseum

Mercedes-Benz-Museum

Technik- und Formentwicklung der Edelkarossen und ihre Geschichte bis heute. In dem modernen Museumsbau gibt es weder gerade Wände noch geschlossene Räume. Du beginnst oben und folgst einem der spiralförmig angelegten Pfade bis zum Ausgang. Chapeau, Bestnote.

Mercedesstraße 100 // www.mercedes-benz.com/de/classic/museum

Stuttgarter Markthalle

Auf den denkmalgeschützten Jugendstilbau sind die Stuttgarter mächtig stolz. Hier ist Shopping für Feinschmecker und für Fans exklusiver Wohnkultur angesagt. Auch allein nur Schauen macht Spaß. Und wer ausgefallene Gewürze sucht, wird hier sicher fündig.

Dorotheenstraße 4 // www.markthalle-stuttgart.de

Skybeach

Über den Dächern der Haupteinkaufsstraße im Liegestuhl Cocktails schlürfen mit Sand zwischen den Zehen und der Sonne beim Untergehen zusehen, macht rundum gute Laune.

Königstraße 6 // www.skybeach.de

Der Schlossplatz an der Einkaufsmeile Königstraße ist ein beliebter Pausenstopp.

pro-Theater und Poetry-Slam kannst du hier den Abend verbringen. In jedem Fall laut und bunt.
Hohe Straße 9 // www.club-zentral.de/index.php/der-club

VON HIER AUS ENTDECKEN

Für Shopping-Freaks
Wie auf einer Perlenkette reihen sich an der Königsstraße zwischen Hauptbahnhof und Stadtbahnhaltestelle Rotebühlplatz Stuttgarts etablierte Geschäfte und die üblichen internationalen (Mode-) Ketten. Auch schön, um das pulsierende Treiben zu beobachten.
Königsstraße // www.koenigstrasse.de

Buntes Leben am Schlossplatz
Beim Einkaufsbummel über die Königstraße kommst du unweigerlich am Schlossplatz vorbei. Das Neue Schloss, der Brunnen, die Jubiläumssäule, sowie die gesamte Gartenanlage versprühen barocken Charme. Auf den gepflegten Rasenflächen und Bänken kannst du eine gemütliche Pause einlegen und das Stadtflair auf dich wirken lassen.

Quirliger Stuttgarter Westen
Stuttgart-West ist vielleicht das hippste, in jedem Fall das dichteste Wohnviertel in Stuttgart mit eng gedrängten, dekorativen Gründerbauten, aber voll von urbanem Leben. Alles nah beieinander – Cafés, trendige Lokale, Theater, Kunstschaffende, kreative Läden. Am neugestalteten Ufer des Feuersees, ein ehemaliger Löschteich, kann man den eigenwilligen Bau der neugotischen Johanneskirche bewundern. Und nur gut zehn Gehminuten entfernt kommt man zur allseits beliebten Grünanlage Karlshöhe auf einer Anhöhe, ein Biergarten ist auch dort, in dem es natürlich auch Wein zu trinken gibt, der Panoramablick ist gratis.
Johanneskirche und Feuersee // zwischen Gutenberg- und Rotebühlstraße
Biergarten Tschechen & Söhne // biergarten-karlshoehe.com

AM FERNSEHTURM IN DEGERLOCH

❸ Du willst morgens der Erste auf dem Fernsehturm sein oder einfach nur eine Nacht in seinem Licht verbringen? Nur zu. Mobil bist du hier auch ohne deinen Van: Regio Rad Stuttgart sorgt dafür, dass Fahrräder zum smarten Sharing bereitstehen und die U-Bahn ist ebenfalls nur 500 m entfernt.

Maximale Parkdauer: 1 Nacht
Parkgebühren: keine
Toilette: auf dem Parkplatz, durchgehend geöffnet
Adresse: Jahnstraße 109, Waldau
Geo-Koordinaten: 48°45'19.8"N 9°11'18.6"E

UM DIE ECKE

Vorräte aufstocken

Tante m – unverpackt Zuerst Lebensmittel, Kosmetik und Reinigungsmittel plastikfrei einkaufen, danach gemütlich einen Kaffee trinken und gesundes Frühstück oder Kleingebäck futtern.
Eduard-Steinle-Str. 6 // www.tantem-unverpackt.de

Wochenmarkt Wilhelmsplatz Auf dem Markt im Heusteigviertel breiten regionale Bauern ihre Erzeugnisse aus.
Wilhelmsplatz 1 // Fr 12–18 Uhr

Hier schmeckt's gut

Besen66 Regionale, hausgemachte Leckerbissen und Wein, preiswert und gut, plus Gemütlichkeit und Gastfreundschaft – das sind die Ingredienzen einer typischen Besenwirtschaft. Etwas edler, aber gut zum Ausprobieren.
Neue Weinsteige 66 // www.besen66.de // Ende Juni–Ende Juli, Mitte Okt.–Ende Dezember

VON HIER AUS ENTDECKEN

Panoramablick vom Fernsehturm
Mit seinen 216 m Höhe ist der Stuttgarter Fernsehturm das nicht zu überse-

1200 Tierarten und üppige Pflanzenpracht erfreuen in der Wilhelma die Augen.

hende Wahrzeichen der Stadt. Für 9 Euro (Studenten 5 Euro) kannst du den fantastischen Rundumblick von oben genießen.
Jahnstraße 120 // www.fernsehturm-stuttgart.de

AUF DEM WEG NACH BAD CANSTATT

❹ Dieser Stellplatz ist typisch schwäbisch – einfach und »koschd nix«. Soweit, so gut. Ist auf dem Parkplatz viel los, kann es aber sein, dass du die Nacht in einer leichten Schräglage (die »Schräglage« ist ein naher Hip-Hop-Schuppen in Stuttgart-Mitte) verbringen musst. Dafür sind die U-Bahn-Stationen Löwentor und Glockenstraße (Mahle) nur wenige Gehminuten entfernt.

Maximale Parkdauer: 1 Nacht
Parkgebühren: keine
Toiletten: keine
Adresse: Im Schwenkrain 10
Geo-Koordinaten: 48°48'29.7"N 9°11'57.4"E

UM DIE ECKE

Zeit für einen Kaffee

Mon Petit Café Die stylishe Café-Bar im einem alten Backsteingebäude in der Altstadt Bad Cannstatts hat ein gutes Frühstücksangebot, später am Tag gibt es kleine Gerichte und eine tolle Auswahl an Craftbieren und Gin.
Küblergasse 3 // www.monpetitcafe.de

Hier schmeckt's gut

Retsinadiko Traditionelle griechische Küche und griechischer Wein sorgen für schönes Urlaubsfeeling.
Wiener Str. 86 // retsinadiko.com

Körle und Adam Die Betreiber treten überzeugend den Beweis an, wie lecker und vielseitig vegane Kost sein kann.
Feuerbacher-Tal-Str. 31 // www.koerleundadam.de

Auf einen Drink

Im Wizemann Hier gibt's was auf die Ohren! Im Wizemann ist Halle, Club, Studio und Atelier in einem. Egal, auf welchen Musikstil du stehst, schau einfach mal im Veranstaltungskalender auf der Website vorbei!
Quellenstraße 7 // www.imwizemann.de

VON HIER AUS ENTDECKEN

Ein Park zum Verlieben!

So lautet das berechtigte Motto der Wilhelma, einer der artenreichsten zoologisch-botanischen Gärten Deutschlands. 1951 zogen hier die ersten Giraffen, Zebras und Antilopen ein, heute gilt es 11000 Tiere aus 1200 Tierarten zu beäugen. Das interessierte Auge erfreut sich aber auch an 8500 Pflanzenarten und der dekorativen maurischen Architektur, in der die Gebäude erbaut sind. Vom Stellplatz 15 Gehminuten entfernt.
Wilhelma 13 // www.wilhelma.de

Bauhausambiente in der Weißenhofsiedlung

Für alle, die bei Bauhaus nicht nur ans Heimwerken denken. Den seinerzeit revolutionären, zeitlosen Bauhausstil kannst du bei einem Spaziergang durch die Weißenhofsiedlung bewundern. Noch nicht genug? Dann wartet das gleichnamige Museum im Haus Le Corbusier auf deinen Besuch.
Rathenaustraße 1 // weissenhof-museum.de

FREIBURG

Die Großstadt mit den vielen Sonnenstunden vereinigt einfach alles, was eine Stadt lebens- und liebenswert macht: Weinberge und waldreiche Schwarzwaldberge, die historische Altstadt mit ihren hübschen Winkeln, Gässle und den ur-freiburgerischen Bächle – dazu ein vielfältiges Kulturleben, eine lebhafte Kneipenszene, badische Genüsse und internationale Küche für jeden Geschmack und Geldbeutel. Mit seiner Uni ist Freiburg eine junge, lebendige Stadt, aufgeschlossen, aktiv und grün. Sehr grün! Ein ganzer Stadtteil ist hier öko. Mit Fahrrad bist du in Freiburg am besten unterwegs, natürlich auch zu Fuß oder mit der Tram.

STADTNAH UND NAHE DER DREISAM

❶ Dieser große Parkplatz liegt wie Stellplatz 2 im Westen Freiburgs in der näheren Umgebung zum Seepark. Von der Straßenbahnhaltestelle Paduaallee ist man in 13 Minuten in der Innenstadt. Hier finden Camper praktisch immer einen Platz, daher ist man nachts selten allein. Alternativ gibt es auf der anderen Straßenseite der Paduaallee noch einen netten kleinen Parkplatz direkt an der Dreisam, an der ehemaligen Gaskugel. Auch von hier kommst auf dem Rad-Uferweg schnell ins Zentrum.

Maximale Parkdauer: keine Begrenzung
Parkgebühren: keine
Toilette: keine
Adresse: a) Alois-Eckert-Straße 4 b) Dietenbachstraße 46
GEO-Koordinaten: a) 48°00'41.2"N 7°48'19.4"E b) 48°00'31.1"N 7°48'19.5"E

UM DIE ECKE

Vorräte aufstocken
Nahkauf // Sundgauallee 55

Alternative Der Biomarkt Ein Biomarkt mit sehr guter Auswahl.
Dietenbachstraße 2

Zeit für einen Kaffee
blumencafé Das nette Frühstückscafé im Grünen braucht einen Spaziergang von 20 Minuten, der bei einem kleinen Umweg über den Lehener Berg auf dem Rückweg allerdings mit schöner Aussicht belohnt wird.
Humbergweg 14 // www.blumencafe.de

Hier schmeckt's gut
Bierhäusle Feine badische Küche im behaglichen Ambiente, hat zwar ihren Preis, aber es lohnt sich, Gartenwirtschaft gibt's auch.
Breisgauer Str. 41 // www.bierhaeusle.de

Pizzeria Bellosguardo Super leckere Pizza.
Am Bischofskreuz 13 // www.pizzeria-bellosguardo.de

VON HIER AUS ENTDECKEN

Chillen und Locals treffen
An der behäbig mitten durch Freiburg fließenden Dreisam mit ihren grünen

Bild links: Tanzen für alle – Swing und Lindi Hop auf dem Schlossberg

Ufer- und Radwegen kannst du dich gut unters chillende, grillende, spielende Volk mischen und nette Bekanntschaften mit den Locals machen.

Mit dem Rad an der Dreisam entlang in die Innenstadt
Mit dem Rad fährst du den grünen Fahrradweg am Dreisamufer entlang und bist in 20 Minuten beim Dreisam-Ufer-Café. Dort stellt du am besten dein Rad ab und erkundest zu Fuß die schöne Altstadt.

Erdmännchen, Kaschmirziegen, Wasserbüffel & Co.
Nicht weit entfernt vom Spot liegt der Naturerlebnispark Freiburg Mundenhof. In dem 38 ha großen Tiergehege kann man Haus- und Nutztierrassen aus aller Welt beobachten. An heißen Sommertagen hat natürlich auch die Hofwirtschaft und ihr toller Garten ihren Reiz.
Mundenhofer Straße 1 // www.mundenhof.de

IM NORDWESTEN DIREKT AM SEEPARK

❷ Den Stellplatz Seepark fährst du am besten entweder morgens vor 10 Uhr oder abends an, um einen Platz zu finden, da tagsüber Parkbesucher den Parkplatz okkupieren. Die für Spot 1 beschriebenen Empfehlungen und Aktivitäten sind auch von hier gut machbar.
Maximale Parkdauer: keine Begrenzung
Parkgebühren: keine
Toilette: 100 m bis zum Bürgerhaus
Adresse: Leisnerstraße 3
Geo-Koordinaten: 48°00'51.9"N 7°48'48.0"E

UM DIE ECKE

Vorräte aufstocken
Amina Markt Große Auswahl an frischem Obst und Gemüse.
Sundgauallee 100

Hier schmeckt's gut
Lago Das Restaurant am Seepark punktet mit badischer Küche, Vegetarischem und Seeblick, Frühstück, Kaffee und Kuchen gibt's ebenfalls.
Gerhart-Hauptmann-Straße 1 // www.lago.de

Auf einen Drink
Biergarten am Seepark Mit einem frisch gezapften Bier oder einem Viertele kann der Abend gut ausklingen.
Gerhart-Hauptmann-Straße 3 // biergartenseepark-freiburg.de

VON HIER AUS ENTDECKEN

Freizeitrevier Seepark
Hier findet man alles, was im Sommer Spaß macht: Tretbootverleih, Biergarten, Badestrand (auch FKK) und Spazierwege im Park, sogar einen Japanischen Garten. Gegen Abend kannst du dich zur Studi-Wiese im Norden des Sees begeben, um mit Studenten ein »Bierle zu pfäzze«. Hier triffst du immer junge Leute, die zu späterer Stunde mit dir vielleicht auch die Bars und Klubs in der Altstadt unsicher machen wollen.

RUHIG UND DOCH ZENTRUMSNAH

❸ Von diesem Parkplatz bist du der Altstadt am nächsten, mit der Tram in sechs Minuten. Zu Fuß brauchst du nur

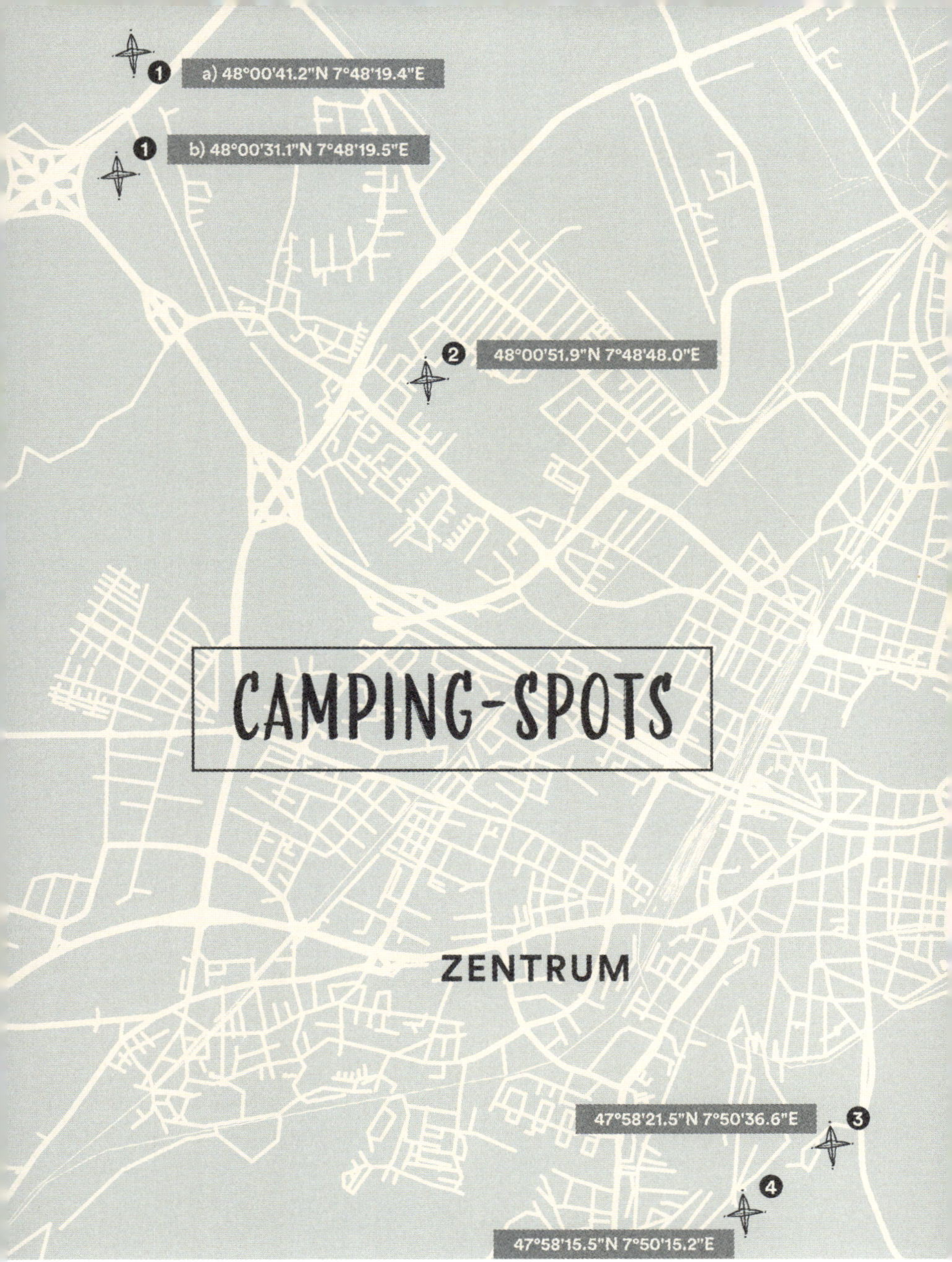

die Günterstalstraße/Kaiser-Josephstraße immer geradeaus gehen, bei der Dreisambrücke siehst du schon das Martinstor, kurz vor dem Tor geht es rechts ab in die etwas versteckte, aber hübsche Fischerau und ein paar Meter parallel dazu in die Gerberau, die zum quirligen Augustinerplatz führt, und schon bist du mittendrin in der jungen Szene der Freiburger Altstadt. Noch

Was Camper hier wissen müssen

Freiburg ist keine Stadt für Autofahrer. Die Altstadt ist Fußgängerzone, die Innenstadt Umweltzone, also ohne grüne Plakette nichts zu machen. Parken ist schwierig und teuer. In die City fährst du besser mit Rad oder Tram und löst dafür ein Tagesticket. Hat den Vorteil, dass du unbesorgt ein, zwei Biere oder Viertele trinken kannst.

zwei Gässle weiter und du landest am Münster und auf Freiburgs farbenprächtigem Markt.

Maximale Parkdauer: keine Begrenzung
Parkgebühren: keine
Toiletten: keine
Adresse Wonnhaldestraße
Geo-Koordinaten: 47°58'21.5"N 7°50'36.6"E

Um die Ecke

Vorräte aufstocken

Edeka / Aldi // Günterstalstraße 54 / 43

Wochenmarkt am Münsterplatz Der schöne Markt ist Augenschmaus und ein Paradies für Genießer/-innen. Du kannst hier Freiburgs berühmte Wurscht im Weckle essen. Die schmeckt. Echt!
Münsterplatz // Mo–Sa 8–13 Uhr

Zeit für einen Kaffee

Günter Coffee Roasters Schönes Café in Günterstal mit eigener Rösterei, einer großen Kaffee- und Kuchenauswahl.
Schauinslandstraße 29 // www.guentercoffee.com

Artjamming Entspanntes kleines Cafe außerhalb des Stadttrubels.
Günterstalstraße 41 // www.artjamming.de

Hier schmeckt's gut

Waldrestaurant St. Valentin Ziel eines tollen Waldspaziergangs ist dieses seit zig Jahren kultige Ausflugslokal im Grünen mit lauschigem Garten und Laube, man isst Badisches und Pfannkuchen, genüsslich begleitet von ein, zwei Viertele oder Schorle.
Valentinstraße 100 // www.sanktvalentin.eu

Markthalle Freiburg Die Streetfood-Halle am Martinstor bietet für jeden Geschmack etwas. Man bedient sich an internationalen Imbissständen.
Gründwälder Str. 4 // www.markthalle-freiburg.de

Auf einen Drink

Hausbrauerei Feierling Im ältesten Biergarten der Unistadt kann man von März bis in den Spätherbst inmitten junger Leute gemütlich draußen sitzen und zum untergärigen, hausgebrauten Vollbier Inselschnitzel mit Brägele essen.
Gerberau 46 // www.feierling.de/biergarten

Maria Bar Zwischen Martinstor und Uni-Hauptgebäude breitet sich Freiburgs Bermuda-Dreieck aus. Man trifft sich in rappelvollen Bars und Kneipen wie die Maria-Bar. Sozusagen zum Warm-up fürs Nachtleben stehen neben Cocktails 32 Burger-Varianten, Flammkuchen und Wraps zur Auswahl. Ab 22 Uhr legen DJs Party- und Soundtracks auf.

Löwenstr. 3-7 // www.maria-bar.de

VON HIER AUS ENTDECKEN

Rund ums Münster

Am Freiburger Münster kommst du einfach nicht vorbei: Neben seiner aufstrebenden Sandsteingotik gibt es auch im Kleinen einiges zu bestaunen: Die merkwürdigen Einritzungen links im Bogen des Haupteingangs dienten den Marktleuten als mittelalterliche DIN-Normen für Brote und andere Waren – zur Streitschlichtung. Beim Blick nach oben entdeckst du Freiburgs Gruselkabinett, nämlich Dämonen und Fratzen, allesamt Wasserspeier, die den Regen ableiten sollen, der berühmteste streckt dir sogar glatt seinen entblößten Hintern entgegen. Wenn du schwindelfrei bist, empfehle ich dir die 205 Stufen auf den 116 m hohen Münsterturm zu klettern, nicht nur wegen der Weitsicht lohnend, nach weiteren 33 Stufen erlebenswert ist auch die imposante Glockenstube mit 19 Glocken, darunter das Prachtstück Hosanna (3 t) sowie der noch weitere Aufstieg über wirklich enge Wendeltreppen in der filigranen Turmspitze bis ganz oben auf die Galerie.

Bächle und Gässle

Die historische Altstadt ist überschaubar, dennoch macht es Spaß, sich durch die Gässle und Sträßchen der Fußgängerzone treiben zu lassen, beispielsweise durch die Konviktstraße und durch Freiburgs Klein-Venedig, der Fischerau nebst beschaulicher Insel, von dort zur Uni und zum Rathausplatz. An heißen Tagen kannst du zwischendurch die Füße in den Bächle kühlen oder in einer der zahlreichen Gaststätten nett einkehren.

Blick auf Münster, Altstadt und den Kaiserstuhl im Hintergrund

REINSCHAUEN LOHNT SICH

Salsa in the City

Tolle Sache – auf keinen Fall solltest du die im Sommer regelmäßig stattfindenden Salsa-Abende unter freiem Himmel am Mensabrunnen schräg gegenüber von der modernen Uni-Bibliothek verpassen. Jedermann/frau, Jung und Alt kann sich hier den Kopf frei tanzen. Lokale DJs und Tanzlehrer legen alles auf, was die Hüften in Schwung bringt (Spende).

Kreuzung Rempartstraße/Rotteckring // www.regiosalsa.de

Aufwärmen im Thermalbad

Besonders an kalten Tagen ist die bis zu 40°C warme Therme des Eugen-Keidel-Thermalbads am Stadtrand eine wunderbare, dazu noch gesunde Wärmequelle. Es gibt auch eine Saunalandschaft und einen Naturbadeteich.

An den Heilquellen 4 // www.keideltherme.de

Schau ins Land

1220 m hoch ist Freiburgs Hausberg. Wenn man mit der Seilbahn über die Tannenspitzen zum Schauinsland hoch oder runter schwebt, kann man wirklich weit ins Land schauen – über die Schwarzwaldhöhen bis zu den Vogesen. Wenn du gut zu Fuß bist, empfiehlt es sich, eine Strecke auf Naturpfaden durch Wald und Wiesen zu wandern (ab Günterstal ca. 9,5 km/4 Std./930 m Höhenunterschied). Aber auch oben auf der Bergstation sind schöne Wanderwege für unterschiedliche Schwierigkeitsgrade ausgewiesen. Und natürlich gibt's an der Bergstation ein Café, wo man sich mit einem Stück Schwarzwälder Torte belohnen kann.

Talstation: Bohrerstraße 11 // Horben // www.schauinslandbahn.de

Über den Dächern Freiburgs

Vom Schwabentor bist du in 10–15 Minuten auf dem Kanonenplatz des Schlossbergs und genießt den herrlichen 270°-Ausblick. Oder du willst noch höher hinaus und steigst die 251 Stufen der Salzbüchsletreppe zur Kuppe und dann auf den 35 m hohen Schlossbergturm hinauf. Auf dem Rückweg belohnst du deine Mühe mit einem Hock im beliebtesten Biergarten über den Dächern Freiburgs, dem Kastaniengarten beim Greiffeneggschlössle, am schönsten beim Sonnenuntergang.

VOM LORETTOBERG ZUR GREEN CITY

❹ Auf dem Lorettoberg-Wanderparkplatz kannst du ebenfalls über Nacht bleiben. Die Waldlage und die Aussicht sind super: Nach dem Aufstehen durch den Wald joggen oder ein Waldspaziergang auf den Lorettoberg. Danach kannst du Freiburgs Green City und Vorzeige-Öko-Viertel Vauban erkunden.

Maximale Parkdauer: keine Begrenzung
Parkgebühren: keine
Toilette: keine
Adresse Becherwaldstraße 41, Freiburg-Merzhausen
Geo-Koordinaten: 47°58'15.5"N 7°50'15.2"E

UM DIE ECKE

Vorräte aufstocken

Sonnengereift Bioladen mit regionalen Produkten und Orangen aus Italien.
Lorettostraße 48 // www.sonnengereift.com
Edeka / Aldi // Günterstalstraße 54 / 43

Auf einen Kaffee

Schloss-Cafe Lorettoberg Frühstücken, zu Mittag essen oder Kaffee und Kuchen – zu jeder Tageszeit kann man auf der Terrasse sitzen und den Blick über Freiburg genießen.
Kapellenweg 1 // www.schlosscafe-freiburg.de

Hier schmeckt's gut

Kantine Freiburg Veggie und non-veggie, nachhaltig und fair – das Angebot in der hellen, erfrischenden Kantine ist voll abgestimmt auf das Ökoquartier Vauban, auch fantasievoller Mittagstisch. Mit Außenterrasse.
Marie-Curie-Straße 1 // www.kantinefreiburg.de

VON HIER AUS ENTDECKEN

Grün und bunt

Etwa 20 Gehminuten sind es vom Stellplatz zum modernen Öko-Stadtviertel Vauban an der Merzhauser Straße. Aus den ehemaligen Vauban-Kasernen entstand in den 1990er-Jahren dieser mit Niedrigenergie- oder Passivhäusern bebaute, alternative und bunte Stadtteil, teilweise sogar autofrei. Besonders gelungen ist das Green City Hotel Vauban. Der durch Bürgerengagement entstandene Marktplatz auf dem Alfred-Döblin-Platz ist lebendiger Mittelpunkt des Quartiers – nicht nur für den wöchentlichen Bauernmarkt (Mi 14.30–18.30 Uhr), sondern auch für Stadtteilfeste, Flohmarkt und Freizeitaktivitäten.

Stadtteilverein Vauban: Alfred-Döblin-Platz 1 // www.stadtteil-Vauban.de
Green City Hotel: Paula-Modersohn-Platz 5 // www.green-city-hotel-vauban.de

WESTEN

KÖLN

Nirgendwo sonst ist das rheinische Lebensgefühl so deutlich zu spüren wie in Köln. Und der Rhein, der die Stadt mit ihren römischen Wurzeln in die richtige Seite (linksrheinisch) und »schäl Sick« (die falsche Seite) trennt, spielt in den knapp 2000 Jahren immer eine bedeutende Rolle dabei. Die Kölner Altstadt besticht mit ihrem historischen Charme, ihrem gotischen Wahrzeichen, dem Dom, ihren urigen alten Gassen, Plätzen, Brunnen und Skulpturen, mit ihren traditionellen Brauhäusern, Kneipen und Restaurants. Auf den Flaniermeilen an den Rheinufern auf beiden Seiten pulsiert das Leben.

AM VOLKSGARTEN

❶ An der Volksgartenstraße neben dem gleichnamigen kleinen Park mit See liegt unser Spot für unsere Innenstadttour. Wir haben uns hier wohl gefühlt. Abends kann man im Biergarten vom Brauhaus Hellers im Volksgarten den Seeblick genießen. Vom Stellplatz ist man zudem in ein paar Minuten in der Südstadt mit ihrer Lokal- und Kneipendichte (siehe Spot 2).

Maximale Parkdauer: 1 Nacht
Parkgebühren: max. 2 Std. zwischen 9–18 Uhr
Toiletten: keine
Adresse: Volksgartenstraße, Neustadt-Süd
GEO-Koordinaten: 50°55'20.9"N 6°56'50.6"E

UM DIE ECKE

Vorräte aufstocken

Lidl // Bonner Wall 114/116
Penny // Am Weidenbach 26–30

Zeit für einen Kaffee

Bom Dia Nettes, portugiesisches Stehcafé und Kiosk, zum Kaffee gibt's echt köstliches portugiesisches Gebäck und Snacks.
Vorgebirgsstr. 1C

Hier schmeckt's gut

Brauhaus Johann Schäfer In dieser modernen Brauhausversion ist auch die regionale bergische Küche auf zeitgemäßem Niveau.
Elsaßstr. 6 // www.johann-schaefer.de

Pizzeria Caminetto Gut belegte Pizzen aus dem Steinofen, Außenplätze.
Eifelstr. 36

Auf einen Drink

Hellers Volksgarten Das hausgebraute Bier schmeckt im Biergarten im Park, unweit vom Stellplatz, besonders gut.
Volksgartenstr. 27 // www.hellers.koeln/volksgarten-hellers

VON HIER AUS ENTDECKEN

Die Kölner Altstadt
Von hier aus bist du schnell in der Altstadt. Auf dem rund 30-minütigen Weg zu Fuß die Vorgebirgsstraße/Ulrichtgasse entlang kommst du an der Ulrepforte, ein Teil der alten Stadtmauer, vorbei.

Bild links: Schöne Sicht auf die alte Hohenzollernbrücke und den Kölner Dom.

Es ist die Mischung aus alten Gassen, malerischen Plätzen, historischen Gebäuden, Brauhäusern, urigen Kneipen, die der Altstadt das besondere Flair verleihen: Das 4711-Haus mit dem stündlichen Glockenspiel, Alter Markt und Heumarkt, die bunten Giebelhäuser am Rheinufer und Fischmarkt und die mächtige romanische Kirche Groß St. Martin, die die Skyline ebenso prägt wie der Dom. Schau auch mal genauer an die Hauswände, wo dich die eine oder andere sogenannte Schandmaske anglotzt, über die es verschiedene Legenden gibt. Ebenfalls an einigen Häusern sind Hochwassermarken angebracht. Am Kölner Pegel am Rheinufer kannst du den aktuellen Wasserstand ablesen. Den Altstadtbummel schließt du am besten mit einem Kölsch in einem der typischen Brauhäuser ab:

Em Kölsche Boor // Eigelstein 121–123 // www.koelscheboor.com

Brauhaus Sünner im Walfisch // Salzgasse 13 // www.walfisch.de

Kölner Dom erleben

Wie kein anderer bestimmt der Kölner Dom mit seinen beiden schlanken gotischen Spitztürmen die Skyline der Stadt. 144 m lang, 86 m breit und 157 m hoch imponiert der Dom schon von außen. Aber auch von innen beeindruckt er mit seinem in die Höhe strebenden Hauptschiff und den großen bunten Glasfenstern. Den Turm zu besteigen, wird mit einer grandiosen Aussicht belohnt. Für die Gittertreppe auf dem letzten Stück solltest du allerdings schwindelfrei sein. Danach kannst du dir im Café Reichard Torten und Pralinen schmecken lassen.

Domkloster 4 // www.koelner-dom.de

Café Reichard // Unter Fettenhennen 11 // www.cafe-reichard.de

Kölner Unterwelt

Unter dem Rathausplatz befindet sich eine Archäologische Zone. Hier wird nach Zeugnissen aus der römischen und mittelalterlichen Geschichte Kölns gebuddelt. Im Entstehen ist dort ein Museum, das das archäologische Erbe der Stadt sowie das jüdische Leben in der Stadtgeschichte thematisiert. Aber schon jetzt kannst du hier die Mikwe, das jüdische Kultbad und Reste des jüdischen Viertels unter dem Rathausplatz besuchen. Unter dem Historischen Rathaus kann man Teile des römischen Statthalterpalastes bestaunen.

Römisch-Germanisches Museum

Als weiteres Highlight empfehlen wir das Römisch-Germanische Museum. Wer sich auch nur halbwegs für Geschichte interessiert, sollte dafür Zeit investieren. Das Museum präsentiert anschaulich aufbereitet das archäologische Erbe bis zum frühen Mittelalter und zeigt sogar Funde aus 100 000 Jahren rheinischer Siedlungsgeschichte.

Roncalliplatz 4 // www.roemisch-germanisches-museum.de

IN DER SÜDSTADT

❷ Der Spot liegt am Römerpark nahe der Technischen Hochschule. Die Umgebung in der Südstadt ist ruhig und angenehm. In der Nähe befinden sich nette Restaurants und Kneipen. Längen bis maximal 6 m können hier parken.

Maximale Parkdauer: keine Begrenzung
Parkgebühren: 5 €/24 Std.
Toiletten: keine
Adresse: Claudiusstraße 1, Südstadt
GEO-Koordinaten: 50°55'08.7"N 6°58'01.2"E

CAMPING-SPOTS

UM DIE ECKE

Vorräte aufstocken

Rewe // Bonner Str. 211

Zeit für einen Kaffee

Römerpark Caféhaus Biokaffee und hausgemachte Kuchen und Crêpes im gemütlichen Kaffeehausambiente.

Teutoburger Str. 42 // www.instagram.com/cafe_roemerpark/?hl=de

Ernst Kaffeeröster Hippes Café und Slow Bar für Kaffeefans, die für gut gemachten Kaffee gerne ein paar Minuten warten können.

Bonner Str. 56 // www.ernst-kaffee.de

Hier schmeckt's gut

Die Fette Kuh Kultimbiss mit fantasievollen Burger- und Veggie-Spezialitäten und natürlich Fritten.

Bonner Str. 43 // www.diefettekuh.de

Eatforfit Bio-Burger, Salate, Vollkorn-Pizza und -Pasta und mehr schmackhafte, gesunde Gerichte, teilweise Low Carb und fettarm, passend zum Leitspruch »besser essen«.
Bonner Str. 48 // www.eat-for-fit.de

Bona'me Im stylish gestalteten Selbstbedienungsrestaurant im neuen Rheinauhafen-Viertel wird köstlich orientalisch gekocht. Feine Mezze-Auswahl.
Anna-Schneider-Steig 22 // www.bona-me.de

Auf einen Drink

Elsa Nettes Bar-Restaurant-Café in einem mit Außenterrasse. Kreative Drinks.
Alteburger Str. 1 // www.facebook.com/elsarestaurantkoeln

VON HIER AUS ENTDECKEN

Trendviertel Rheinauhafen
Wie in Hamburg oder Düsseldorf hat auch Köln nicht mehr gebrauchtes Hafengelände in ein architektonisch spannendes und attraktives, junges Viertel mit ultramodernen Geschäfts- und Wohnhäusern verwandelt, die mit restaurierten ehemaligen Silos, Lagerhallen und Kränen eine Symbiose zwischen Alt und Neu bilden. Die drei Kranhäuser, Silo 23, Kap am Südkai oder der Skate-Park am südlichen Ende sind reizvolle Fotomotive für das Spiel mit Linien und Spiegelungen. Trendige Cafés, Restaurants und Galerien sorgen für Lebendigkeit.
Im Zollhafen // www.rheinauhafen-koeln.de

UNTER DER SEVERINSBRÜCKE

❸ Der öffentliche Parkplatz unter der Severinsbrücke auf der Deutzer Seite ist nicht besonders schön, aber für Tagesausflüge super geeignet. Eine Wendeltreppe führt direkt auf die Brücke. Er liegt etwas versteckt und ist schlecht einsehbar, nachts hört man den Verkehr

Modernes Wohnen und Arbeiten im Trendviertel Rheinauhafen

auf der Brücke. Wenn du dich hier nicht sicher fühlst, dann such für die Nacht einen Ausweichparkplatz, z. B. den nur etwa 1 km entfernten ruhigen Platz im Judenkirchhofweg (Spot 4).

Maximale Parkdauer: 1 Woche
Parkgebühren: Mo–Sa 9–18 Uhr
5 €/Tag; 24 €/Woche
Toiletten: keine
Adresse: Teutonenstraße, Deutz
GEO-Koordinaten: 50°55'52.6"N 6°58'22.8"E

UM DIE ECKE

Vorräte aufstocken

Kiosk Op d'r Eck Alles was man unbedingt braucht inklusive Getränke.
Suevenstr. 2

Zeit für einen Kaffee

Café Heimisch Kaffee, Frühstück und tagsüber Gerichte nach Omas Rezepten mit regionalen Zutaten.
Deutzer Freiheit 72–74 // www.heimisch.cafe

Hier schmeckt's gut

Oasis Bis zur nächsten, der Deutzer Brücke, sind es 7–10 Minuten Fußweg. Erst ab da gibt es auf der rechtsrheinischen Seite eine nennenswerte Auswahl an Lokalen. Beim Griechen Oasis isst man nicht ganz billig, aber die Terrasse am Rhein mit Skyline-Blick auf Köln bieten echten Mehrwert.
Kennedy-Ufer 1 // www.restaurantoasis.de

Brauhaus ohne Namen Gutes Essen: deftige deutsche und rheinische Küche und Kölsche Tapas, nette Bedienung.
Mathildenstraße 42 // www.brauhaus-ohne-namen.de

Schaubühne am Rheinboulevard

Restaurant Pars Im schlichten Ambiente dieses persischen Bistros kann man persische Sandwiches und Tellergerichte, zur Not auch Burger und Pizza essen.
Siegburger Str. 25

Auf einen Drink

Rheinpromenade Köln-Deutz Den Drink bringst du hier selbst mit. Von den Stufen am Rheinufer hat man einen traumhaften Blick auf die Skyline Kölns. Faszinierend vor allem nach Sonnenuntergang und später abends, wenn sich die Lichter im Rhein spiegeln.
Herrmann-Plünder-Str. 2/Kennedyufer

VON HIER AUS ENTDECKEN

Kennedyufer

Der Stellplatz ist perfekt, um die Kölner »schäl Sick«, zu erkunden. Heute hat sich jedoch das rechtsrheinische Kennedy Ufer zum Logenplatz fürs schönste Köln-Panorama entwickelt – mit Luxushotels und – Bürotürmen, aber auch einem über 500 m langen Rheinufer-Bou-

REINSCHAUEN LOHNT SICH

Mit dem Schiff über den Rhein schippern
Eine Panoramafahrt auf dem Rhein macht echt viel Spaß. Die einstündige Rundfahrt am Stadtpanorama entlang bietet ganz neue Blickwinkel auf Köln, zudem ist sie auf dem offenen Deck eine erfrischende Sache im Hochsommer. Toll ist auch die zweistündige Abendfahrt mit DJ und Loungemusik, wenn die Sehenswürdigkeiten Kölns in stimmungsvollem Licht erstrahlen. Magisch!
KD-Anleger Altstadt // Frankenwerft 35 // www.kd.com/de/schiffstouren/panoramafahrt-koeln // Do–Sa 20 Uhr

Schlaraffenland für Naschkatzen
Im Schokoladenmuseum wirst du über die 5000 Jahre Kulturgeschichte der Schokolade staunen, einen Blick in die gläserne Schokoladenfabrik werfen und in der Manufaktur den Maîtres Chocolatiers über die Schulter schauen. Ihre süßen Verführungen kannst du nebenan im Shop kaufen. Vom Schokobrunnen im Museum darfst du mit kleinen Waffeln naschen.
Am Schokoladenmuseum 1a // www.schokoladenmuseum.de

Rheinpark – mit der Seilbahn über den Rhein
Mit der Seilbahn über den Rhein schweben – das ist schon ein fantastisches Erlebnis. Das Überbleibsel von der Bundesgartenschau 1957 ist nicht die einzige Attraktion im riesigen Rheinpark am Deutzer Ufer. Zu Bestaunen gibt es Brunnen, Wasserbecken und Fontänen, Skulpturen, Teiche und viel Grün. Der Tanzbrunnen mit Open-Air-Bühne und -Theater ist oft Schauplatz von Konzerten, Festivals und Partys.
www.rheinpark-köln.de

levard mit ausladenden Stufen, die zum Sitzen und Träumen einladen.

Liebesschlösser auf der Hohenzollernbrücke
Das gibt's sonst nirgends – eine Brücke, deren Hauptsehenswürdigkeit Liebesschlösser sind. Zigtausende zieren mittlerweile die Eisenbahnbrücke. Nach entrüsteten Protesten hat die Bahn davon Abstand genommen, die Dinger zu entfernen. Inzwischen stehlen sie der über 110 Jahre alten, mächtigen Hohenzollernbrücke die Schau.

Panoramablick auf die Stadt
Wenn du nicht schon vom Domturm die Aussicht genossen hast, dann gibt es bei dem ultramodernen Büroturm KölnTriangle noch eine Gelegenheit. Die verglaste Aussichtsplattform befindet sich in 103 m Höhe im 29. Stockwerk. Zu Fuß wären es 565 Stufen, aber zum Glück fährt dich ein schneller Aufzug hinauf. Die Aussicht ist berauschend.
Ottoplatz 1 // www.koelntriangle panorama.de

JUDENKIRCHHOFSWEG

❹ Der Parkplatz liegt neben einer Kleingartenanlage beim Deutzer Friedhof und ist eine Alternative zum Stellplatz an der Teutonenstraße. Nachts ist es sehr ruhig. Tagsüber wird er als P&R-Parkplatz genutzt. Zur Innenstadt sind es von hier 30–40 Minuten zu Fuß, schneller geht es mit der Straßenbahn Linie 7 von der Haltestelle Drehbrücke bis Heumarkt.

Maximale Parkdauer: keine Begrenzung
Parkgebühren: keine
Toiletten: keine
Adresse: Judenkirchhofsweg, Deutz
GEO-Koordinaten: 50°55'37.3"N 6°58'55.8"E

UM DIE ECKE

Vorräte aufstocken
Lidl // Siegburger Str. 120

Hier schmeckt's gut
Wok Zhang Einfacher preiswerter Asia-Imbiss mit großer Auswahl. Vor allem chinesische Küche, aber auch Pizza, Salate und mexikanische Gerichte.
Allerseeelenstr. 1/Ecke Siegburgstraße // www.wok-zhang.de

Auf einen Drink
Lotta Für einen gepflegten Drink muss man sich leider etwas weiter weg vom Stellplatz bewegen, über den Rhein und rüber in die Südstadt mit ihren vielen Lokalen. Die alternative Kneipe Lotta steht für Indie, Pop, Punk und Fußballübertragungen.
Kartäuserwall 12 // www.lotta-koeln.de

Weinladen Südstadt In dieser angesagten »Weinbar ohne Dresscode« kannst du unter netten Leuten unkompliziert Weine von ausgesuchten Winzern kennenlernen und trinken.
Im Ferkulum 30 // www.weinladen.de/weinladen/suedstadt-koeln/

VON HIER AUS ENTDECKEN

Sportlich unterwegs am Rheinufer
Die Poller Wiesen, ein langer und breiter grüner Uferstreifen, laden ein zum Joggen, Spaziergang, Chillen und die Seele baumeln lassen.
Zugang über Deutzer Drebrücke/Alfred-Schütte-Alle

DÜSSELDORF

Entgegen so mancher Vorurteile hat die Landeshauptstadt Nordrhein-Westfalens auch ihre coolen und lebendigen Seiten. Neben der Altstadt mit ihren urigen Altbier-Brauhäusern und »der längsten Theke der Welt« punktet die Wirtschaftsmetropole mit Rheinufer-Flaniermeilen, futuristischer Architektur internationaler Stararchitekten und außerdem einem bunten und vielfältigen Kunst- und Kulturleben, sodass man sich hier gut ein paar Tage auf Entdeckungstour begeben kann.

AM VOLKSGARTEN

❶ Hier kannst du von 18 Uhr abends bis 8 Uhr morgens kostenlos parken. Der Platz ist wunderbar ruhig und direkt am Volksgarten, wo man gut joggen kann. Der Spot ist abends sogar beleuchtet und es gibt Mülleimer. Unsere Nacht war im Herbst sehr ruhig, nur morgens kommen schon sehr früh die ersten Spaziergänger mit Hund und einige Fahrradfahrer.

Maximale Parkdauer: 1 Nacht
Parkgebühren: max. 2 Std. zwischen 8–18 Uhr
Toiletten: am S-Bahnhof Volksgarten, 30 Cent
Adresse: Redinghover Str. 55
Geo-Koordinaten: 51°12'19.7"N 6°47'40.5"E

UM DIE ECKE

Vorräte aufstocken

Rewe // Himmelgeister Str. 81

Zeit für einen Kaffee

Café Botschaft Österreichische Kaffeespezialitäten, zeitgeistige Bowls, schön zum draußen sitzen, abends Barbetrieb.
Pionierstr. 64

Süße Erinnerung Zauberhaftes kleines Café, in dem man bei Kuchen und Frühstück stundenlang sitzen kann.
www.suesse-erinnerung.de

Hier schmeckt's gut

dreiRaum Bistro Internationale moderne Bistroküche im Retro-Ambiente.
Volksgartenstraße 15 // www.dreiraumbistro.de

Carlsplatz Wochenmarkt An diversen Imbissständen kann man delikates Streetfood diverser Nationalitäten futtern.
www.carlsplatz-markt.de

Auf einen Drink

Die Blende Urige Rock-Kneipe, tolle Musik, nette Leute.
Friedrichstr. 152 // www.dieblende.net

BilkerHäzz Gemütliche Kiezkneipe nicht weit von der Blende, tolle Cocktails.
Bilker Allee 208 // www.bilker-haezz.de

VON HIER AUS ENTDECKEN

Kö – Laufsteg, Luxusmeile und begrünte Fassaden

Man kann sie lieben oder ablehnen, einmal auf beiden Seiten des Wassergrabens rauf und runter flanieren oder ein-

Bild links: Die Freitreppe an der Rheinpromenade ist ein beliebter Treffpunkt.

fach ignorieren – doch die Kö, wie die Königsallee liebevoll abgekürzt wird, ist ein unverkennbares Aushängeschild von Düsseldorf, berühmt wegen ihrer glitzernden Luxusshoppingadressen, die sich hier wie Perlen an einer Kette reihen. Dabei kann man hier auch ganz entspannt am Wasser entlang spazieren und den neugestalteten Kö-Bogen II bewundern: Der Konsumtempel ist rundum grün und klimafreundlich mit 30 000 Hainbuchen bis aufs Dach bepflanzt worden.

Carlsplatz – ein Mekka für Foodies
Der Markt mit seinen 60 Ständen ist ein Dorado für Genussmenschen und bietet gleichzeitig reizvolle Fotomotive. Jung und Alt trifft sich hier an sechs Tagen in der Woche zum Einkaufen und zum Naschen oder Lunchen von den vielfältigen Imbissständen, auf ein Alt oder auf ein Glas Wein.
www.carlsplatz-markt.de // Mo–Fr 9–18, Sa bis 16 Uhr

Atemberaubende Orbit-Rauminstallation im K21
Im ehemaligen Gebäude des nordrhein-westfälischen Landtags sind interessante Wechselausstellungen für internationale moderne Kunst zu sehen. Allein schon die riesige Rauminstallation »in orbit« des Künstlers Tomás Saraceno, die in 25 m Höhe über der großen Piazza schwebt, legt einen Besuch nahe. Du kannst hier über ein transparentes, begehbares Stahlnetz laufen und dabei die »Sphären« bewundern. Die gewaltigen Ballons runden die abstrakte Installation ab. Du findest dort aber auch Werke von Künstlern wie Ai Weiwei.
Ständehausstr. 1 // www.kunstsammlung.de/de/exhibitions/k21-sammlung

AM JOSEPH-BEUYS-UFER

❷ Nur durch einen Radweg vom Rhein entfernt, hört man hier die Schiffe und jede halbe Stunde die Kirchenglocke. Der Platz ist kostenpflichtig, dafür genießt du aber einen schönen Blick auf den Rhein, hast die Altstadt mit ihren Kneipen in nächster Nähe und den Rheinpark im Rücken. Für Wohnwagen ist der Platz aber eher ungeeignet, da dieser zusätzlich zum PKW bezahlt werden muss. Am Wochenende ist hier ziemlich viel los.

Maximale Parkdauer: 1 Nacht
Parkgebühren: 14€/24 Std.
Toiletten: am Ufer, 100 m vom Parkplatz
Adresse: Joseph-Beuys-Ufer 27, Pempelfort
GEO-Koordinaten: 51°14'02.8"N 6°46'15.8"E

UM DIE ECKE

Vorräte aufstocken
REWE Nordstraße 44
Centro Italienische Lebensmittel.
Nordstraße 44

Zeit für einen Kaffee
Fortuna-Büdchen Kiosk für Kaffee, Getränke, Snacks und Brötchen im Rheingärtchen beim Parkplatz.
Joseph-Beuys-Ufer 27

Mutter Ey Café Modernes, farbenfreudiges Café mit Galerie in der Altstadt, Kuchen, Suppen, Salate und wechselnder Mittagstisch.
Mutter-Ey-Straße 1 // www.mutter-ey-cafe.de

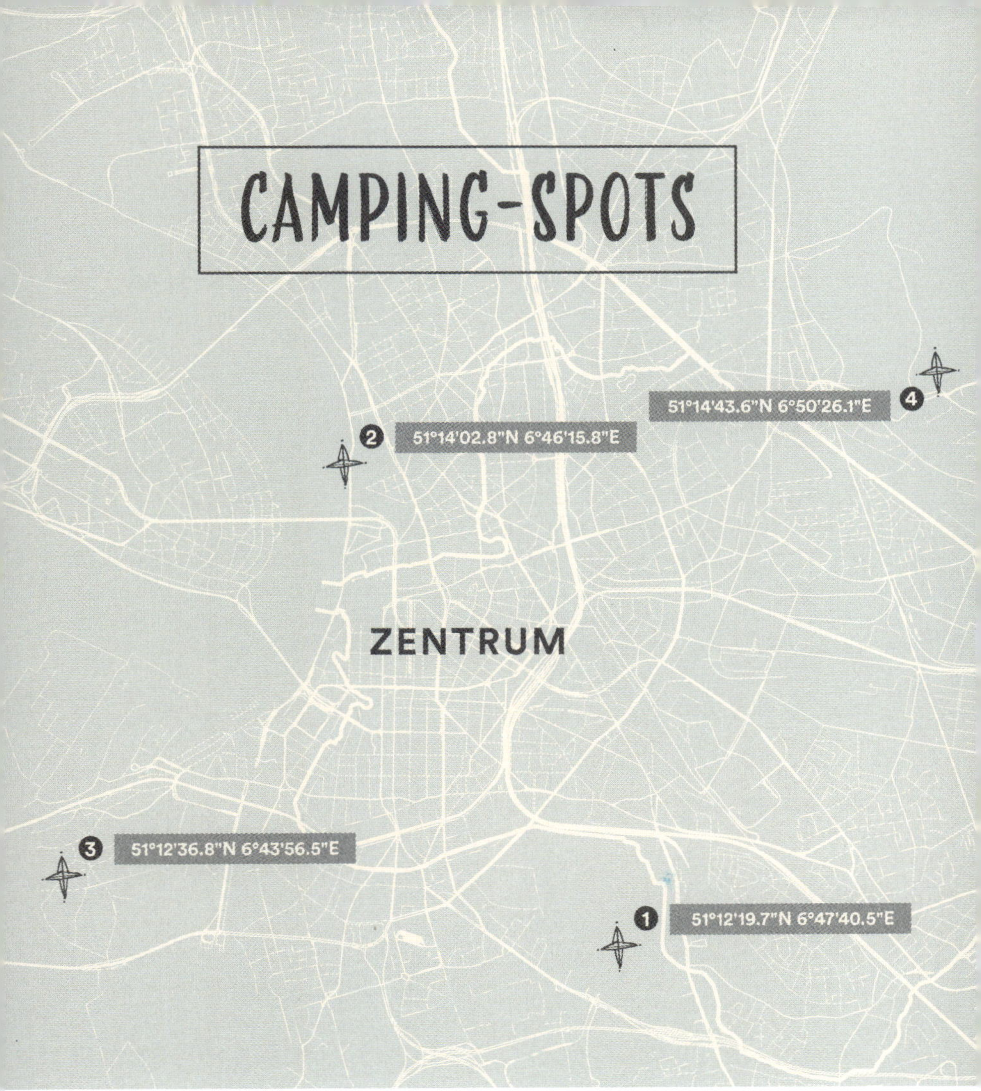

Hier schmeckt's gut

Pulcinella Leckere Pizza aus dem Holzofen und italienische Spezialitäten. Ratinger Straße 4 // www.pulcinella restaurant.de

Auf einen Drink

Zu einem Düsseldorf-Besuch gehört der Besuch mindestens einer der typischen und urigen Altbier-Hausbrauerei-Schänken dazu, von denen es in der Altstadt eine ganze Reihe gibt. Zum Alt genießt man deftige Häppchen und rheinische Küche. Manche haben auch alkoholfreie, hausgemachte Limo. Hier einige Empfehlungen:

Hausbrauerei zum Schlüssel // Bolkerstraße 42 // www.zumschluessel.de

Brauerei Kürzer // Kurze Straße 18 // www.brauerei-kuerzer.de

Uerige // Berger Straße 1 // www.uerige.de

Im Füchschen // Ratinger Straße 28 // www.fuechschen.de

VON HIER AUS ENTDECKEN

»Die längste Theke der Welt«
Düsseldorfs Altstadt ist bekannt dafür, dass man hier die Nacht zum Tag machen kann. Für eine gepflegte Kneipentour in der Altstadt empfehlen wir die Bolkerstraße – sie wird auch »die längste Theke der Welt« genannt. Hier kannst du von Bar zu Bar ziehen. Auch die Hausbrauerei zum Schlüssel hat hier ihr Domizil. Die Ratinger Straße eignet sich ebenfalls hervorragend, um Düsseldorfs Altbier am Ort seiner Entstehung zu verkosten.

Sommervergnügen Kasematten
In der warmen Jahreszeit reihen sich Open-Air-Bars und -Restaurants dicht an dicht direkt am Rheinufer. Jede Location hat ihr eigenes Motto, was wir sehr spannend finden. Auch Fußballspiele kannst du hier unter freiem Himmel entspannt bei einem Bierchen genießen.
Rheinufer zwischen Burgplatz und Schulstraße // www.kasematten-duesseldorf.de

Treffpunkt Kasematten am Rheinufer

Kunst der Gegenwart im K20
Wenn dich die poppige Kunst der Gegenwart und klassischen Moderne interessiert, dann ist die K20 Kunstsammlung Nordrhein-Westfalen am Grabbeplatz die richtige Adresse: Die Ausstellung präsentiert u. a. amerikanische Kunst nach 1945, darunter Arbeiten von Andy Warhol, Robert Rauschenberg, Donald Judd, Jasper Johns und Frank Stella. Zu sehen sind außerdem Werke von Klee, Matisse, Kandinsky, Picasso und Kirchner. Weitere Schwerpunkt ist die Kunst der Gegenwart mit Werken von Richter, Cragg und Beuys.
Grabbeplatz 5 // www.kunstsammlung.de/de/exhibitions/k20-sammlung

NRW-Forum für digitale und Popkultur
Kultur mal anders – das internationale Kulturzentrum präsentiert zeitgenössische Fotografie, Kunst, Design, Architektur, Popkultur im Rahmen von Ausstellungen, Festivals, Symposien, Workshops, Messen, Filmvorführungen und weiteren neuartigen Formaten. Im Mittelpunkt stehen dabei immer aktuelle gesellschaftliche Themen.
Ehrenhof 2 // www.nrw-forum.de

DIREKT AM RHEIN

❸ Dieser Spot, ein Schotterparkplatz, liegt direkt am Rhein. Für eine Nacht ist dies ein toller Stellplatz. Allerdings ist tagsüber im Industriegebiet Hafen viel los. Die Innenstadt ist von der S-Bahn-Station Hamm gut mit der Bahn zu erreichen oder auch zu Fuß durch den Hafen, am Medienhafen entlang mit seinen futuristischen Gehry-Bauten und weiter am Rheinturm vorbei zur Rheinuferpromenade.

Farbenfrohes Spiel mit Wandspiegelungen und Schatten

Maximale Parkdauer: keine Begrenzung
Parkgebühren: keine
Toiletten: keine
Adresse: Fringsstraße 30, Hamm
GEO-Koordinaten: 51°12'36.8"N 6°43'56.5"E

UM DIE ECKE

Zeit für einen Kaffee

Stadtbäcker Westerhorstmann Bäckerei mit Frühstückscafé.
Medienhafen // Hammer Straße 40 // www.www.stadtbaecker.com

Hier schmeckt's gut

Hammer Blick Der Name bezieht sich zwar auf den Ortsteil Hamm, hat aber auch seine Berechtigung auf der schönen Rheinterrasse. Leckere Frischeküche und verführerische Kuchen. Toll zum Sonnenuntergang.
Fährstr. 253A // www.hammerblick.de

Böser Chinese Gute chinesische Küche in stylishem, aber gemütlichem Ambiente, gar nicht böse.
Zollhof 13 // www.boeser-chinese.de

Auf einen Drink

Brauhaus zum Goldenen Handwerk Urige Schänke und schöner Biergarten im Bruderhaus. Auf der Karte stehen mächtige rheinische Gerichte zu hausgebrautem Altbier. Hier kann man es aushalten.
Fährstr. 237 // www.brauhaus-bruderhaus.de

VON HIER AUS ENTDECKEN

Paradiestrand am Hafen
Vom Stellplatz um den Rheinbogen herum triffst du auf einen herrlichen Sandstrand. An einigen Stellen kann man auch baden und grillen. Auch zwei Volleyballfelder sind vorhanden.
Bremer Straße

REINSCHAUEN LOHNT SICH

Medienhafen und Gehry-Bauten
Auch wer kein ausgesprochener Architektur-Fan ist, dem wird der Medienhafen ein Staunen abringen. Mit dem organisch geformten Neuen Zollhof hat Stararchitekt Frank O. Gehry ein ultramodernes architektonisches Highlight geschaffen. Auch andere berühmte Architekten wie David Chipperfield haben im ehemaligen, brachliegenden Hafengelände ihre faszinierende Handschrift hinterlassen. Neben 700 Unternehmen siedeln hier heute einige der beliebtesten Restaurants der Stadt.
Am Handelshafen // www.medienhafen.de

Schloss & Park Benrath
Kurfürst Karl Theodor von der Pfalz ließ im 18. Jh. dieses Lustschloss nach französischem Vorbild errichten, hat es jedoch nur ein einziges Mal besucht. Im Rahmen einer Führung kann es besichtigt werden. Erlebenswert ist vor allem der 61 ha große und frei zugängliche

Schlosspark. Er vereint alle Stile europäischer Gartenkunst und bietet 80 Vogelarten ein Domizil.
Benrather Schlossalle 100–105 // www.schloss-benrath.de

Stylishe Architektur im Untergrund
Kunst trifft Architektur – bei der Gestaltung der sechs U-Bahn-Stationen der neuen Wehrhahn-Linie haben Künstler und Architekten äußerst fruchtbar zusammengewirkt. Zu bestaunen in den U-Bahn-Höfen Pempelforter Straße, Schadowstraße, Heinrich-Heine-Allee, Benrather Straße, Graf-Adolf-Platz und Kirchplatz.
Wehrhahn-Linie // www.duesseldorf-tourismus.de

Grandioser Blick vom Rheinturm
Der Rheinturm zählt zu einem der auffälligsten Wahrzeichen der Stadt. Er ist stolze 240,5 m hoch und beherbergt in 172,5 m Höhe ein Drehrestaurant. Es dreht sich stündlich einmal um die eigene Achse. Direkt darunter befindet sich die Aussichtsplattform mit Snackbar. Bei gutem Wetter reicht die Sicht sogar bis ins Bergische Land und nach Köln, während Medienhafen, Altstadt, Kö und Rhein sich direkt zu deinen Füßen ausbreiten.
Stromstraße 20 // www.rheinturm.de

AM WILDPARK

❹ Dieser große, gepflasterte, ziemlich flacher Parkplatz für Fahrzeuge bis 2,5 t liegt am Wildpark am nordöstlichen Stadtrand. Zur nächsten U-Bahn-Station sind es aber nur wenige Gehminuten. Nachts ist es sehr ruhig und man kann hier schön spazieren gehen.
Im benachbarten Wildtier-Park sind Hunde allerdings nicht erlaubt.

Maximale Parkdauer: keine Begrenzung
Parkgebühren: keine
Toiletten: keine
Adresse: Rennbahnstraße 60, Ludenberg
GEO-Koordinaten: 51°14'43.6"N 6°50'26.1"E

UM DIE ECKE

Vorräte aufstocken
Rewe // Zur alten Kaserne 2

Hier schmeckt's gut
Rennbahn Biergarten Direkt bei der Pferderennbahn, nur ein paar Schritte vom Spot entfernt, auf der Karte die üblichen Snacks wie Burger, Currywurst und Pommes.
Rennbahnstr. 22 // www.rennbahn-events.de

Auf einen Drink
Grafengrün Bottlebar Der Ableger des Grafengrün-Restaurants ist ein lauschiges Plätzchen mitten im Grafenberger Wald mit Liegestühlen und Blick auf die Rennbahn. Wunderbar, um den Tag ausklingen zu lassen.
Rennbahnstraße 24 // www.grafen-gruen.org

VON HIER AUS ENTDECKEN

Spaziergang im Grafenberger Wald
Joggen, spazieren gehen, Frühsport im Wald oder Pferden beim Rennen zuschauen. Es breitet sich hier alles sozusagen vor der Van-Türe aus.

Wer ist hier der Zuschauer?

RUHRGEBIET

BOCHUM

Natürlich denkt man bei Bochum zuerst einmal an Zechen, Bergbau, Stahlwerke, Industrie. Aber wenn man sich näher mit ihr befasst, entdeckt man die sympathischen Seiten der 350 000-Einwohner-Stadt, sie ist die kleinste der hier vorgestellten Ruhrstädte. Rund 40 Prozent Bochums bestehen aus Grünflächen und Parks. Viel jungen Schwung bringen die Studierenden an der Ruhr-Universität ins Stadtbild. Die Bochumer gehen gern aus, wir haben superschöne Plätze entdeckt. Festivalkultur und Kunst werden großgeschrieben: Ruhrtriennale, Zeltfestival am Kemnader See und das Open-Air-Festival Bochum Total, um nur einige zu nennen. Rund 700 Freiluft-Kunstwerke verteilen sich über die Stadt. Bochum ist Wissensstadt und liefert heute mit dem Bergbau-Museum einen spannenden Beitrag zur Industriekultur des Ruhrpotts.

ABSEITS UND RUHIG

❶ Wir übernachten auf dem Parkplatz am Hauptfriedhof in Altenbochum. Der Bus ab Haltestelle Havkenscheider Straße oder die Straßenbahn ab Dannenbaumstraße bringen dich in die City.

Maximale Parkdauer: keine Begrenzung
Parkgebühren: keine
Toilette: keine
Adresse: Feldmark 100, Altenbochum
GEO-Koordinaten: 51°28'39.3"N 7°15'40.5"E

UM DIE ECKE

Vorräte aufstocken

Lidl // Sudbeckenpfad 1 // Lear
Aldi // Lindengraben 14 // Altenbochum

Zeit für einen Kaffee

I am love Köstliches Eis und Waffeln.
Dibergstraße 2 // www.i-am-love.de

Hier schmeckt's gut

Pablo Restaurant & Kneipe Fußläufiges, gemütliches spanisches Lokal mit guten Tapas. Im Biergarten unter Bäumen kannst du den Abend schön ausklingen lassen.
Goystraße 27 // www.pablo-bochum.de

Blondie's Schon mal einen veganen Gyrosteller probiert? Auch vegane Burger und Haferflockenbratlinge bereiten die sympathischen Inhaber frisch zu. Für normale Burger verwenden sie bestes Biofleisch vom Rind, die Soßen und Majo sind hausgemacht.
Hattinger Straße 80 // www.blondies-bochum.de

una más Hier geht es etwas rustikaler zu. Die Tapas sind klasse, die spanischen Biere und Weine ergänzen das Urlaubsfeeling.
Hans-Böckler-Str. 34 // www.unamas.de

Bild links: Die ehemalige Zeche mit ihrem Fördergerüst ist heute Industriedenkmal.

Auf einen Drink

Bermuda3eck Vor allem am Wochenende zieht die Partymeile mit zig Restaurants, Bars und Klubs zwischen Südring und Konrad-Adenauer-Platz reichlich feierfreudige Menschen an. Wem dort zuviel Halligalli ist, der ist wenige Hundert Meter südlich des Bermuda3ecks, z. B. in der Goldkante, besser aufgehoben. Raum für Konzerte, Filmabende, Theater und Kneipe.
Alte Hattinger Str. 22 // www.goldkante.org

IN BOCHUM ENTDECKEN

Deutsches Bergbau-Museum
Interaktives Museum mit super interessanten Ausstellungen rund um den Bergbau. Teil des Museums ist das 71 m hohe, grüne Fördergerüst, das früher zur Zeche Germania in Dortmund gehörte. Ein Aufzug bringt dich hinauf zur Aussichtsplattform, von dort ist der Ausblick auf das Ruhrgebiet schon ziemlich fantastisch. Das eigentliche Highlight befindet sich aber unter der Erde: Hier erfährst du alles über den Alltag eines Bergmanns, du darfst wirklich (fast) alles anfassen, Maschinen starten und die Stollen erkunden.
Europaplatz // www.bergbaumuseum.de

60 Kneipen säumen die Partymeile.

Jahrhunderthalle Bochum
Die Jahrhunderthalle, einst Gaskraftzentrale, später Lagerhalle, hat dank behutsamer Renovierung einen Großteil des Industriearchitektur-Charmes erhalten. 1902 wurde sie ursprünglich für die Düsseldorfer Gewerbeausstellung errichtet, danach ständig erweitert. Heute wird die Bezeichnung Jahrhunderthalle für das ganze Areal benutzt: Die vier Hallen mitsamt Dampfgebläsehaus und Turbinenhalle sind beliebte und außergewöhnliche Veranstaltungsorte für kulturelle Events für da ganzen Ruhrgebiet.
An der Jahrhunderthalle 1 // Ortsteil Stahlhausen // www.jahrhunderthalle-bochum.de

Zeiss Planetarium
Hier erlebst du dank der digitalen Ganzkuppelprojektion Sterne, Planeten und Galaxien hautnah. Beeindruckend! Abends gibt es Musikshows und Livekonzerte unterm digitalen Sternenhimmel, bei denen man sich wunderbar entspannen kann.
Planetarium Bochum // Castroper Straße 67 // 44791 Bochum

Stadtpark Bochum und Tierpark + Fossilium
Der Stadtpark ist eine grüne Oase mit See und Bootsverleih, Bismarckturm und Rosengarten in nächster Nachbar-

CAMPING-SPOTS

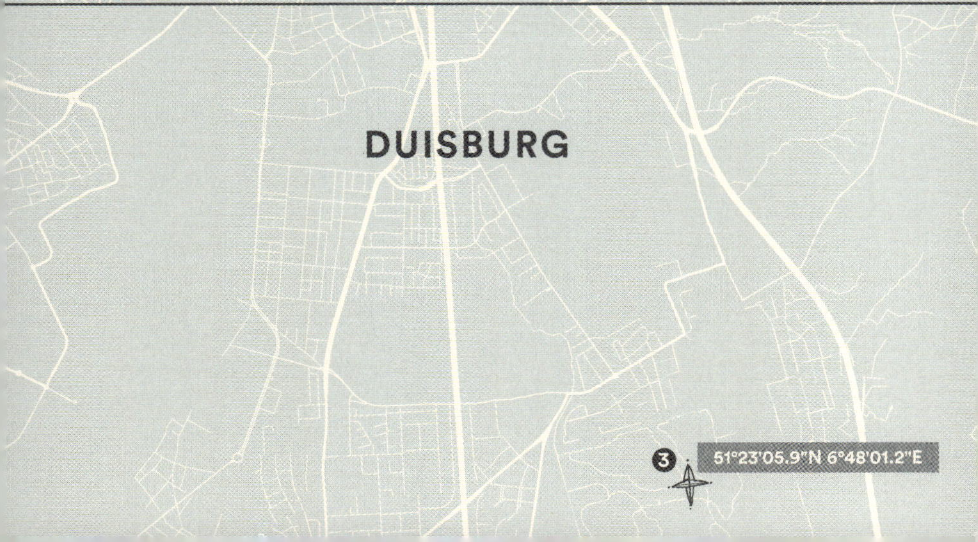

Bochums Stadtpark begeistert mit seiner wunderbaren Natur.

schaft zum Stadtzentrum. Mittendrin befindet sich der Tierpark nebst Aquarien- und Terrarienhaus. Hier leben rund 3900 heimische, aber auch viele exotische Tiere, Fische und Vögel, Schlangen und Co, in rund 330 Arten. In der »Nordseewelt« kann man beispielsweise Seehunde, Pinguine und Wattvögel beobachten. Die Fütterung der Tiere ist ein Erlebnis. Das Fossilium zeigt über 400 verschiedene Fossilien von ausgestorbenen Tierarten, darunter von einem Archaeopteryx, eine Übergangsform zwischen Dinosaurier und Riesenvogel.
Tierpark + Fossilium // Klinikstr. 49 // www.tierpark-bochum.de

Kemnader See

Wenn du dem Trubel der Stadt entfliehen und entspannen möchtest, findest du am Kemnader See wunderschöne Natur und – falls dir danach ist – auch eine Menge Freizeitvergnügen. Das Baden im See, durch den die Ruhr fließt, ist zwar nicht gestattet, dafür aber im Freizeitbad Heveney an der Nordspitze des Sees. Aber Surf-, Segel- und SUP-Fans kommen hier auf ihre Kosten. Außerdem gibt es schöne Wanderwege (8–10 km), die Skaterrunde »Ruhr Inline« (10,4 km) und viele Radwege. Für eine Stärkung unterwegs sorgen diverse Biergärten, Restaurants und Cafés. Genial finden wir die Location »StrandDeck«: Auf gut 1500 m^2 kommt richtig Urlaubsfeeling auf, mit Palmen und Sand, Beachvolleyball und Privatstrand, Verpflegung und Drinks satt.
StrandDeck Kemnade // Blumenau 7A // www.stranddeck.de

ESSEN

Mitten im Herzen des Ruhrgebiets steht Essen für Kunst und Industriekultur. Flächenmäßig kleiner als Duisburg, aber mit 580 000 Einwohnern die bevölkerungsstärkste der drei Städte. Architektonisch ist Essen eine bunte Mischung aus Reformbaukunst, Backsteinexpressionismus, Monumentalstil, Neue Sachlichkeit, Brutalisums über die Bauten der Nachkriegszeit bis zum heutigen urbanen Stil. Für Kunstfans ist Essen eine super Adresse: Im Museum Folkwang, in das auch das Plakatmuseum eingezogen ist, im Kunsthaus Essen und im Designmuseum Red Dot gibt es viel zu bewundern. Und natürlich empfiehlt sich auch ein Besuch im UNESCO-Welterbe-Revier Zollverein. Die einstige Steinkohlen-Zeche und Kokerei ist ein beeindruckendes Industriedenkmal zusammen mit dem Ruhr Museum. Weiterhin wollen auch die Parks und die Villa Hügel am Baldeneysee, die Ruhr und ihre Auen entdeckt werden.

WOHNMOBILSTELLPLATZ ESSEN

❷ Der Spot liegt in einer Seitenstraße nahe dem Hauptbahnhof, es ist dort nachts allerdings recht laut. Da es ein offizieller Wohnmobil-Stellplatz ist, sind Mülleimer und Strom vorhanden. Es war schwierig, einen zentralen Parkplatz zu finden, deswegen sind wir diesen Kompromiss eingegangen.

Maximale Parkdauer: 3 Nächte
Parkgebühren: 7 €/Tag
Toilette: keine
Adresse: Baedekerstr. 5
GEO-Koordinaten: 51°26'53.5"N 7°00'34.1"E

UM DIE ECKE

Vorräte aufstocken

Einkaufszentrum Limbecker Platz In den rund 200 Shops sollest du mehr finden, als du brauchst. Ein paar Meter Richtung Osten beginnt die riesige Fußgängerzone.

Limbecker Platz 1a // www.limbecker-platz.de

Denn's Biomarkt Großer, ordentlicher Laden südlich des Stellplatzes. Die richtige Richtung, wenn du vor dem Einkauf frühstücken möchtest.

Rüttenscheider Str. 49

Zeit für einen Kaffee

Café Livres Ruhiges Plätzchen für Frühstück, Kuchen und Quiches, gemütliche Atmosphäre.

Moltkestraße 2A // www.cafe-livres.de

Bohnenkartell Rösterei und Café mit puristischem Ambiente.

Witteringstraße 41a // www.bohnen kartell.de

Hier schmeckt's gut

Pottsalat Ob Frühstück oder zwischendurch, das Team bereitet gesun-

Hundertwasserhaus im Grugapark

de, ausgewogene und optisch ansprechende Bowls zum Abholen – ideal zum Detoxen.
Bismarckstraße 5 // www.pottsalat.de

LUA Vietnamesische Küche, frisch, knackig, köstlich.
Lindenallee 81 // www.lua-essen.de

KohleCraftWerk Ruhrpott-Currywurst mit Pommes und Burger mit echtem Fleisch schmecken ja auch mal gut. Ein Craftbier dazu und der Abend ist rund.
Rüttenscheider Str. 14 // www.kohlecraftwerk.de

IN ESSEN ENTDECKEN

Theater und Philharmonie im Stadtgarten

Selbst wenn du dich nicht sonderlich für Theater interessierst, den kühn geschwungenen Theaterbau magst du auf einem Spaziergang durch den Stadtgarten bewundern, denn er ist ein architektonisches Meisterwerk vom Vater des Modernismus, Alvar Aalto. Der erst 2004 eröffnete moderne Philharmoniebau fällt dagegen außen etwas nüchterner aus, punktet aber innen mit seiner raffinierten Akustik.
Opernplatz 10 // www.theater-essen.de/philharmonie

Museum Folkwang

Der Museumskomplex beherbergt unter seinem Dach die Sammlungen Kunst des 19. Jh., der Moderne sowie zeitgenössische Kunst. Der Neubau wurde von David Chipperfield konzipiert, streng nach dem Grundgedanken, dass man sich in einem Museum zwar versenken und verlieren, sich aber dennoch auch orientieren möchte. Ein Besuch der »heiligen Hallen« sollte sich lohnen.
Museumsplatz 1 // www.museum-folkwang.de

Grugapark Essen

Nach einer halbe Stunde zu Fuß oder drei Haltestellen mit der U11 ab Philharmonie erreichst du die »Große Ruhrländische Gartenbau-Ausstellung« (Gruga). Um die Botanik den Stadtmenschen näherzubringen, aber auch um die Auswirkungen der Luftverschmutzung zu erforschen, wurde der Park Ende der 1920er-Jahre angelegt. Nach der Zerstörung im Zweiten Weltkrieg wurde der Park anlässlich der Bundesgartenschau Essen 1965 neu gestaltet und wiederbelebt. Zu sehen sind in dem riesigen botanischen Park neben der Flora aus aller Welt auch rund 500 Tiere und Vögel, das erst 2005 fertiggestellte Hundertwasserhaus, Orangerie und Grugaturm, von dem man einen tollen Ausblick hat.
Virchowstraße 167 // www.grugapark.de

UNESCO-Welterbe Zollverein

Von 1851 bis 1986 wurden in der Zeche Zollverein, der größten Steinkohlezeche der Welt, mehr als 240 Mio. Tonnen Steinkohle gefördert. Inzwischen lässt das beeindruckende Industriedenkmal jedes Fotografen-Herz höher schlagen, auch unseres. Wir legen dir eine Führung durch den Schacht 12 ans Herz, dem einstigen Zentrum der Kohlenförderung. Du lernst den Weg des »schwarzen Goldes« von der Förderung bis zur Verkokung kennen und erhältst einen spannenden Einblick in die damaligen Arbeits- und Lebensbedingungen.

Gelsenkirchener Straße 181 // www.zollverein.de

Ruhr Museum

In der ehemaligen Kohlenwäsche der Zeche Zollverein befindet sich das Ruhr Museum Essen. Es ist eigentlich kein klassisches Industriemuseum, sondern eher ein Regionalmuseum des Ruhrgebiets, sozusagen eine Art Gedächtnis und Schaufenster des Potts.

Areal A [Schacht XII], Kohlenwäsche [A14] // Gelsenkirchener Straße 181 // www.ruhrmuseum.de

Villa Hügel

Das Wohnhaus der Industriellenfamilie Krupp mit 269 Räumen ist ein Symbol der Industrialisierung. 1945 wurde die Villa beschlagnahmt, 1952 wieder zurückgegeben, aber fortan der Allgemeinheit im Dienste der Kunst und Kultur zur Verfügung gestellt. Sehenswert sind neben der Architektur auch die Innenausstattung sowie der große Park, der zu einem Spaziergang einlädt. Die Villa stellt auch den exklusiven Rahmen bereit für gelegentliche Kunst- und Kulturausstellungen sowie Konzerte des Folkwang Kammerorchesters Essen.

Hügel 15 // www.villahuegel.de

Mal in verrückter Umgebung schwimmen? Im Werkschwimmbad im Zollverein

Baldeneysee
Ebenso wie der Kemnader See in Bochum gehört der Baldeneysee zu den Ruhrstauseen. Egal, ob du spazieren, radfahren, Inline skaten oder surfen möchtest, hier bist du richtig. Sogar eine Rundfahrt mit der Weißen Flotte wird z. B. ab Anleger Strandbad und ab dem Hardenbergufer angeboten. Das Baden ist an einer festgelegten Stelle im Baldeneysee wieder erlaubt. Am Nordufer, im Stadtwald, gibt es mehrere schöne Aussichtspunkte wie die Korte Klippe. Im Strandbad Seaside Beach etwa 1 km westlich, kannst du dir ein Fleckchen unter Palmen am Sandstrand suchen, dich sportlich austoben oder chillen. Rings um den See findest du einige Restaurants und Biergärten zur Stärkung.
www.baldeneysee.de // www.baldeneysee.ruhr/fahrplan-weisse-flotte
Seaside Beach Baldeney // Freiherr-vom-Stein-Straße 384 // www.seaside-beach.de

DUISBURG

Wo in Duisburg die Ruhr in den Rhein fließt, befindet sich der größte Binnenhafen Europas. Hier werden Waren von den Welthäfen kommend umgeschlagen und weiter ins europäische Inland transportiert. Eine Hafenrundfahrt ist entsprechend interessant, auch ein Besuch im Museum der Deutschen Binnenschifffahrt. Danach kannst du durch das Trendviertel Innenhafen mit seinen coolen Lokalen touren. Und das ist noch lange nicht alles: Im Landschaftspark Duisburg-Nord tummeln sich Spaziergänger, Radfahrer, Kletterer und Taucher im umgebauten Hüttenwerk. Sehenswert ist dort auch die nächtliche Lichtinstallation. Auch die begehbare Großskulptur in Form einer Achterbahn Tiger & Turtle auf einer ehemaligen Halde ist Abenteuer, außerdem ist der Ausblick fantastisch. Ganz zu schweigen von der Sechs-Seen-Platte, der Regattastrecke und den umliegenden Seen – kaum eine Stadt hat so viel Wasser wie Duisburg.

AN DER SECHS-SEEN-PLATTE

3 Unsere Parkplatzempfehlung liegt idealerweise an der Sechs-Seen-Platte. Wähle dort einen der vorderen Plätze, da hier auch Busfahrer zuweilen Pause machen, und das gern mit laufendem Motor um 6 Uhr morgens. Mülleimer sind vorhanden. Klar ist dir sicherlich, dass du von hier aus immer ein Stück fahren musst. Der Bus ab Haltestelle Wolfssee bringt dich in 20 Minuten ins Zentrum.

Maximale Parkdauer: keine Begrenzung
Parkgebühren: keine
Toilette: keine
Adresse: Kalkweg 262, Wedau
GEO-Koordinaten: 51°23'05.9"N 6°48'01.2"E

UM DIE ECKE

Vorräte aufstocken

Aldi // Großenbaumer Allee 99–107
Lidl // Großenbaumer Allee 61

Zeit für einen Kaffee

Inizio EspressoBar Gute Kuchen, Kekse, Hummus, Suppen und Bowls mit arabischem Touch.
Münchener Str. 16

LiMa's Frühstückslokal mit gutem Kaffee und Bowls für den Appetit zwischendurch.
Sternbuschweg 310 // www.limas-duisburg.de

Hier schmeckt's gut

Faktorei Am und um den Innenhafen reihen sich einige Lokale. Das Essen und die Atmosphäre hat uns in der Faktorei gut gefallen, die Biofleisch-Burger sind klasse!
Philosophenweg 21 // www.faktorei.de

Amazing Thai Restaurant Nur ein paar Meter weiter gibt es aromatische Thai-Gerichte zu essen.
Stresemannstraße 2/Ecke Philosophenweg // www.amazingthai.restaurant

Haus Seeblick Zwei Minuten zu Fuß vom Parkplatz kannst du auf der schönen Terrasse den Nachmittag bei gefüllten Pfannkuchen oder den Abend bei Hausmannskost und geistigen Getränken verbringen.
Strohweg 12 // www.haus-seeblick-duisburg.de

IN DUISBURG ENTDECKEN

Freizeitrevier Sechs-Seen-Platte
Die Sechs-Seen-Platte besteht – wie der Name vermuten lässt – aus sechs wunderschönen Seen, um die man komplett herumwandern kann. Grüne Wälder soweit das Auge reicht, nie würde man vermuten, dass man sich in einer Großstadt mitten im Ruhrpott befindet.

Aus der Vogelperspektive beeindruckt die Dimension der Sechs-Seen-Platte.

Duisburgs Innenhafen ist heute ein angesagtes Wohn- und Trendviertel.

Die Seenlandschaft ist ganzjährig ständig frei zugänglich, ebenso der Aussichtsturm auf dem Wolfsberg. Das Freibad ist zwischen Mai und September je nach Witterung geöffnet.
www.ruhrgebiet-industriekultur.de/sechs-seen-platte.html

Der größte Binnenhafen der Welt
Der Binnenhafen in Duisburg gilt als größter der Welt, zählt man alle seine Anlagen zusammen. Hier liegen zahlreiche Schiffe vor Anker, bevor sie mit ihrer Fracht wieder auf Tour gehen – sei es nach Emden, Rotterdam, Antwerpen oder Hamburg. Einen tollen Eindruck vom Hafenbetrieb der Umgebung vermittelt eine Hafenrundfahrt mit dem Fahrgastschiff Rheinfels der Ruhrorter Personenschifffahrt.
Parkplatz Schifferstr. 182
Hafenrundfahrt Ruhrort Schifferbörse // Gotenstr. 4 // www.hafenrundfahrt-duisburg.de

Trendviertel Innenhafen
Aus dem ehemaligen Industriegebiet Innenhafen und Industriedenkmal auf der Route der Industriekultur ist ein angesagtes Szeneviertel geworden. Damals Hafen- und Handelsplatz – jetzt Wohnung, Arbeitsplatz, Kultur und Freizeit – und viele Events und Feste im Jahr wie beispielsweise das dreitägige »Innenhafenfest« und der großen Drachenboot-Fun-Regatta, die »Nacht der Industriekultur« und der »Innenhafenlauf«. Ein Rundgang macht erlebbar, wie moderne Architektur sinnvoll in historische Objekte integriert werden kann. Nach dem Hafenspaziergang empfiehlt sich eine Denkpause in einem der Bistros oder Restaurants am Wasser.
Hansegracht 10 // www.innenhafen-portal.de

Landschaftspark Duisburg-Nord
Die »schönste Großstadtoase Deutschlands« war ursprünglich ein Eisenhüt-

tenwerk. Heute ist der daraus entstandene Park im Ortsteil Obermeidrich Schauplatz für jede Menge kultureller Highlights und Freizeitvergnügen. Fotostopps, die du nicht verpassen solltest: die Aussichtsplattform des Hochofens 5 in gut 70 m Höhe. Regelmäßig finden hier Veranstaltungen statt – Kino-Events, Erlebnis-Messen für Fotografie, Essen & Trinken, Bauen und Wohnen, außerdem Konzerte und Lesungen. Der LaPaDu ist Dreh- und Angelpunkt für Kultur und Kunst im Pott. Du kannst hier noch viel mehr erleben, wenn du weniger Höhenangst hast als wir, z. B. Klettern in der ehemaligen Erzbunkeranlage oder im Hochseilgarten zwischen Hochofen 1 und 2 in 55 m Höhe von Hochofen zu Hochofen balancieren. Statt Kletterabenteuer kannst du im riesigen Indoor-Tauchbecken im ehemaligen Gasometer nach einem Flugzeug-Wrack und durch ein künstlich angelegtes Riff tauchen.

Emscherstr. 71 // Duisburg-Obermeiderich // www.landschaftspark.de // Bus 906/910 zur Haltstelle Landschaftspark.

Heinrich-Hildebrand-Höhe mit Tiger & Turtle

Die Heinrich-Hildebrand-Höhe im Angerpark im 14 km entfernten Duisburg-Angerhausen ist eine der schönsten Halden im Ruhrgebiet. Viele Halden im Ruhrpott erhielten einen neuen Anstrich und präsentieren außergewöhnliche Kunst. Am besten gefiel uns die 20 m hohe, einer Achterbahn nachempfundene begehbare Großskulptur »Tiger & Turtle – Magic Mountain«. Zum Sonnenuntergang und frühabends zeigt sie sich im besten Licht. Am besten kommt man zur Höhe über den Angerpark im südlichen Stadtgebiet. Oben erwartet dich ein toller Panoramablick.

Ehinger Str. 117 // Duisburg-Angerhausen // www.halden.ruhr/angerpark.html

Magic Mountain – nein, keine echte Achterbahn, sondern begehbare Kunst.

MÜNSTER

Mit 500 000 Drahteseln auf 310 000 Einwohner ist Münster unangefochten die Fahrradhauptstadt Deutschlands. Falls du kein Rad dabei hast, kein Problem: Hier kann man fast überall welche ausleihen, beispielsweise an der Radstation Münster Arkaden (Königsstraße 7) oder am Hauptbahnhof. Die Wege sind kurz und es ist wirklich alles gut mit den »Leezen« (Rädern) zu erreichen. Die schönste Fahrradstraße ist die Promenade, sie führt knapp 5 km einmal um die Innenstadt herum und ist wunderbar grün. Prächtige Giebelhäuser am Prinzipalmarkt mit ihren schönen Arkaden prägen die Altstadt, aber auch das noch ursprüngliche Kuhviertel mit seinen zahlreichen Studentenkneipen und der verjüngte Innenhafen, der sich zum spannenden Szeneviertel gemausert hat.

NAHE AM HISTORISCHEN ZENTRUM

❶ Es ist fast unmöglich, in der Innenstadt einen kostenlosen Parkplatz zu finden. Deshalb haben wir uns für diesen zentralen, aber kostenpflichtigen Platz an der Friedrichstraße entschieden. Als Ausgangspunkt für eine Stadttour ist er ideal, man erreicht fast alles zu Fuß.

Parkdauer: 1 Tag
Parkgebühren: 8–20 Uhr 14,40 €/ Tagesticket
Toiletten: keine
Adressse: Friedrichstr. 10
GEO-Koordinaten: 51°57'39.0"N 7°38'08.2"E

UM DIE ECKE

Vorräte aufstocken

Rewe // Alter Steinweg 26–28

Zeit für einen Kaffee

hunderteins In dem hellen Café gibt's tolle hausgebackene Brote mit langer Gär- und Reifezeit des Natursauerteigs, dazu Kaffee oder Tee.
Mauritzstr. 27 im Torhäuschen // www.hunderteins.eu

Magnolia Gemütliches Straßencafé für ein gutes Frühstück, leckere Kuchen und viel Selbstgemachtes, auch für Veganer, zu sehr fairen Preisen.
Brüderstr. 31 // www.cafemagnolia.de

Hier schmeckt's gut

Hafenkäserei Vom Spot aus bist du schnell im Hafen mit den vielen Lokalen. Die stylishe Bio-Schaukäserei liegt direkt am Wasser und hier gibt's natürlich Käsegerichte und Craftbier.
Am Mittelhafen 20 // www.hafenkaeserei.de

Umami Sushi Grill Zur Abwechslung mal Sushi, hier hast du große Auswahl.
Wolbekerstr. 16A // www.sushi-grill.umami.ms

Auf einen Drink

Am Stadthafen Ein Bier vom Kiosk und ab in den Hafen zum schönsten

Bild links: Giebelhäuser mit prächtigen Fassaden umgeben den Prinzipalmarkt.

Sonnenuntergangsplatz der Stadt. Sobald die Sonne orange-rote Färbung annimmt, pflanzt man sich auf die Betonmauer am Wasser und genießt den Ausblick.

Ideal Café und Weinbar Kultiviertes Ambiente, Kaffee aus der Privatrösterei, tolle Tee- und sündhafte Kuchenauswahl, zum Wein Flammkuchen, Salate und Pasta.
Beginengasse 12

VON HIER AUS ENTDECKEN

Rund um den Prinzipalmarkt
Die schönsten Giebelhäuser mit ihren typischen Bogengängen versammeln sich um Münsters gute Stube, vorneweg das Rathaus mit seiner bestechend schönen gotischen Fassade und dem geschichtsträchtigen Friedenssaal, der an den Westfälischen Frieden von 1648 erinnert. Direkt daneben das Stadtweinhaus, das ursprünglich für die Lagerung von Wein bestimmt war, heute werden die Säle für Sitzungen genutzt und der Balkon für offizielle Anlässe der Stadt. In den romantischen Bogengängen haben viele alteingesessene Münsteraner Geschäfte ihr Domizil, zudem Restaurants und Cafés, daher ist der Prinzipalmarkt auch eine beliebte Flaniermeile.
www.prinzipalmarkt.de

Am Hafen sitzen und träumen.

St. Paulus Dom und Wochenmarkt
Nur wenige Schritte vom Prinzipalmarkt entfernt, erhebt sich der Paulus-Dom. Die im 13. Jh. erbaute, katholische Kathedrale ist ein Wahrzeichen der Stadt. Sie beherbergt zahlreiche Kunstwerke, der wertvolle Domschatz erhält allerdings ein neues Domizil. Wenn du es einrichten kannst, komm hierher, wenn Markt ist und die Händler im Schatten des Doms Leckerbissen aller Art ausbreiten: Suppen, Antipasti, Käse, Kuchen, Bauernbrot, auch westfälische Spezialitäten wie Pumpernickel, Schinken und Backfisch. Unser Tipp: Eine Suppe vom berühmten Erbsenbus, ein Brot von Tolkötter und eine Käsetüte von einem der Käsewagen.
Domplatz // www.wochenmarkt-muenster.de // Mi/Sa 7–14.30 Uhr

Szeneviertel am Hafen und Kunsthalle
Ja, richtig gelesen – Münster hat einen Hafen. In den alten Speicherhäusern und Lagerhallen haben sich in den letzte Jahren Restaurants, Cafés, Bars und Klubs direkt am Wasser oder in den Seitenstraßen eingenistet. In einem umgebauten Speicherhaus hat auch die Kunsthalle ihr Quartier mit 30 individuellen Künstlerateliers und wechselnden Ausstellungen.
Hafenpromenade // www.stadt-muenster.de/tourismus/sehenswertes/hafen
Kunsthalle // Hafenweg 28 // www.kunsthallemuenster.de

CAMPING-SPOTS

AM SCHLOSSPLATZ IN UNINÄHE

❷ Der große Parkplatz Bus am Schlossplatz hat den Vorteil, dass er sehr zentral liegt, vor allem in nächster Nähe zum Kuhviertel mit seinem ursprünglichen Charme und seinen Studentenkneipen. Das Tagesticket gilt aber nur bis 24 Uhr. Wenn ihr über Nacht stehen wollt, müsst ihr Bescheid sagen.

Parkdauer: max. 1 Nacht
Parkgebühren: 1,20 €/Std. 7–21 Uhr, 12€/Kalendertag
Toiletten: ja
Adresse: Schlossplatz 5–6
GEO-Koordinaten: 51°57'50.4"N 7°37'01.3"E

UM DIE ECKE

Vorräte aufstocken
Rewe // Am Kreuztor 5–6

REINSCHAUEN LOHNT SICH

Geruhsame Auszeit im Botanischen Garten

Im Park des barocken Fürstbischöflichen Schlosses befinden sich Gewächshäuser des Botanischen Gartens. In der grünen Oase hinter der Universität kann man sich wunderbar erholen. Der botanische Garten dient eigentlich Forschungszwecken und der Ausbildung, ist aber für Besucher offen. Rund 8000 verschiedene Pflanzenarten aus verschiedenen Klimazonen wachsen hier.

Schlossgarten 3 // Eintritt frei

Ideal für Regentage – der Allwetterzoo

Seinen Namen erhielt der Zoo am Aasee aufgrund seiner überdachten »Allwettergängen«, die vor Regen oder Sonne schützen. Das Zoogelände ist parkähnlich gestaltet mit Picknickplätzen, Restaurants und Kioske. Super: Auch Hunde können mitgebracht werden. Besucher dürfen Elefanten füttern oder Pinguine beim Spaziergang begleiten. Keinesfalls verpassen: das Affricaneum für Gorillas und die Dschungelanlage für Orang-Utans, der neue Elefantenpark und das Bärenhaus.

Sentruper Straße 315 // www.allwetterzoo.de // 15 €

Zeit für einen Kaffee

roestbar Bester Kaffee in town frisch geröstet.

Nordstraße 2 // www.roestbar.com

Hier schmeckt's gut

Pinkus Müller In der Altbierbrauerei sitzt man an langen Holztischen und liest die uralten Sinnsprüche von Generationen von Gästen und genießt Deftiges aus der Küche.

Kreuzstr. 4 // www.pinkus.de

Mocca d'Or Exzellente, wenn nicht die besten Pizzen der Stadt, sehr gute Pasta, idyllischer Außenbereich.

Rothenburg 14–16 // www.mocca-d-or.de

Auf einen Drink

Das Blaue Haus Ein Klassiker unter den Studentenkneipen im Kuhviertel mit Livebühne und westfälischer Kost.

Kreuzstr. 16 // www.blaue-haus-muenster.de

F 24 Kulturkneipe und Hotspot für Alternative und Kreative mit kleiner Bühne.
Frauenstr. 24

Cavete Münster Urige Szenekneipe ebenfalls in der Kneipenmeile.
Kreuzstr. 37/38 // www.cavete-muenster.de

VON HIER AUS ENTDECKEN

Charmantes Altstadtflair im Kuhviertel
Im Kuhviertel hat Münster noch viel von seiner ursprünglichen Seite bewahrt: verwinkelte Gassen, kleine nette Läden, gemütliche Lokale und das eine oder andere historische Denkmal wie der Buddenturm, der noch letzterhaltene Wehrtum in der Münzstraße. Seine Attraktivität verdankt das Kuhviertel heute allerdings mehr seinem Ruf als Vergnügungsviertel. Im Umfeld der Kreuzstraße und Jüdefelderstraße reihen sich jede Menge vom Studentenvolk der nahen Uni bevölkerte Kneipen, Bars sowie Restaurants mit typischer westfälischer Küche.

IM GRÜNEN AM AASEE

❸ Dieser ruhige Parkplatz beim Aasee liegt schön und schattig unter Bäumen. Der Platz ist für Wohnmobile bis 6 Meter geeignet. Parken über Nacht ist möglich. Morgens kann man herrlich am See spazieren gehen. In die Innenstadt sind es nur 30 Gehminuten.

Parkdauer: Keine Begrenzung
Parkgebühren: keine
Toiletten: keine
Adressse: Kardinal-von-Galen-Ring 55
GEO-Koordinaten: 51°57'17.3"N 7°36'12.8"E

UM DIE ECKE

Zeit für einen Kaffee
Dorfkrug im Freilichtmuseum Hier kann man spät frühstücken oder auch nur auf einen Kaffee und hausgebackene Kuchen einkehren.
Theo-Breider-Weg 1 // www.muehlenhof-muenster.org/dorfkrug/

Hier schmeckt's gut
elbén Das Bistro am Aasee ist zugleich Projektwerkstatt für Geflüchtete. Im Angebot liebevoll zubereitetes Streetfood mit orientalischem Einschlag, Spezialität sind Manakish, ofenfrische verschieden gefüllte Hefeteigfladen.
Scharnhorststr. 25 // www.elben.org/bistro

VON HIER AUS ENTDECKEN

Am Aasee entspannen
Münsters Freizeitrevier ist der Aasee. Hier kann man fabelhaft mit dem Hund am Wasser entlang spazieren. Die Wege eignen sich ebenso zum Skaten oder Inliner fahren. Es gibt auch einen Bootsverleih und eine Segelschule. Rund um den See sorgen Cafés und Restaurants für das leibliche Wohl der Ausflügler.

Mühlenhof Freillichtmuseum
Mit 30 Fachwerkhäusern, Landschule von 1830, Backhütte, Bienen- und Mühlenhaus vermittelt das Museum am Aasee lebendigen Anschauungsunterricht, wie sich das Leben hier früher gestaltete. Im rustikalen Tagescafé Dorfkrug kann man auch ohne Museumsbesuch einkehren.
Theo-Breider-Weg 1 // www.muehlenhof-muenster.org

FRANKFURT

Wenn man sich Frankfurt nähert, dann erschließt sich auf einen Blick, warum Deutschlands Finanzmetropole und die Mitte Europas gern »Mainhattan« genannt wird. Die Skyline ist wirklich beeindruckend und steht US-amerikanischen nur wenig nach. Dort, wo die Glaspaläste in den Himmel ragen, liegt Frankfurts Finanzviertel und im Prinzip ist dort auch gleich die lebhafte Innenstadt zu finden. Denn Frankfurt wirkt groß, mit 763 000 Einwohnern ist sie aber nur die fünftgrößte Stadt Deutschlands. Goethe ist hier geboren. Und in Sachen Kultur hat die Universitätsstadt einiges zu bieten: moderne Architektur, renommierte Kunstsammlungen, über 60 Museen und 20 Bühnen. Kulinarisch ist die Mainmetropole recht vielseitig. Wir empfehlen, auch den Maintower und die Kleinmarkthalle zu besuchen.

OSTHAFEN – IN SICHTWEITE ZUR EUROPÄISCHEN ZENTRALBANK

❷ Der Osthafen liegt im Stadtteil Ostend, hier gibt es viele schattige Parkmöglichkeiten am Straßenrand, die ein urbanes Feeling in Flussnähe ermöglichen. Das Ostend gilt seit der Eröffnung der Europäischen Zentralbank als Trendviertel und bietet viele Freizeitmöglichkeiten, sei es ein Spaziergang im Hafenpark, eine Runde Sport im Park oder ein Picknick am Mainufer. In der näheren Umgebung gibt es viele Restaurants und Bars, Einkaufsmöglichkeiten sind reichlich vorhanden, ebenso wie die Anbindung an die öffentlichen Verkehrsmittel.

Maximale Parkdauer: 1 Nacht
Parkgebühren: Mo–Fr 5–20 Uhr 1,50 €/Std., Fr–Mo 20–5 Uhr 3 €
Toilette: tagsüber im Hafenpark
Adresse: Lindleystraße, Ostend
GEO-Koordinaten: 50°6'39"N 8°42'50"E

UM DIE ECKE

Vorräte aufstocken

Rewe // Louis-Appia-Straße 7/7
Scheck-in Center // Ferdinand-Happ-Straße 59

Zeit für einen Kaffee

Jesse James Stylishes Bistro mit Frühstücksangebot, Sa/So gibt es hier angeblich den »Best Brunch in town«.
Hanauer Landstraße 83 // www.jessejames.eu

Hier schmeckt's gut

Restaurant Oosten Hafenlokal am Wasser mit Außenterrasse und tollem Blick auf die Skyline. Gut sortierte Bar!
Mayfarthstraße 4 // www.oosten-frankfurt.de

Auf einen Drink

Moxy Frankfurt East Moderne Hotelbar mit klasse Drinks und internationalem Publikum.
Hanauer Landstr. 162 // www.marriott.de

Bild links: Bei diesem Anblick wird klar, warum Frankfurt Mainhattan genannt wird.

VON HIER AUS ENTDECKEN

Sport im Hafenpark
Der Hafenpark am Fuße der Europäischen Zentralbank hat das perfekte Sportangebot. Ob eine Runde Joggen oder im Skate-Parcours oder einen Basketball-Match, hier kannst du dich auspowern.
Zum Tagesausklang ein schöner Abendspaziergang: Vorbei an der Europäischen Zentralbank, an den Gleisen des alten Güterhafens läufst du direkt auf die Skyline zu und kannst tolle Fotos von funkelnden Wolkenkratzern im Sonnenuntergang machen.
Eyssenstraße 8

Zoo Frankfurt
Circa 20 Minuten zu Fuß vom Osthafen entfernt liegt der Frankfurter Zoo. Im zweitältesten Tierpark Deutschlands kann man 500 Tierarten beobachten, davon 88 Säugetierspezies (4500 Tiere) von Bonobos bis Tiger und 70 Vogelarten von Marabus bis Strauße. Besonders spannend sind die Abendöffnungen mit Führungen.
Bernhard-Grzimek-Allee 1 // www.zoo-frankfurt.de

WAS CAMPER HIER WISSEN MÜSSEN

In jeder Großstadt besteht ein gewisses Risiko von Diebstahl und Sachbeschädigung, deshalb achte unbedingt darauf, keinerlei Gegenstände offen im Camper liegen zu lassen, auch keine leeren Taschen.
Achtung: Das Frankfurter Bahnhofsviertel solltest du im weiten Umkreis zum freien Stehen meiden.

SCHATTENPLÄTZE AM SÜDFRIEDHOF

❷ An der Zufahrtsstraße zum Südfriedhof im Stadtteil Sachsenhausen sind ausreichend Stellplätze am Straßenrand vorhanden. Tagsüber herrscht leider Fluglärm, da der Spot sich in der Einflugschneise des Frankfurter Flughafens befindet. Das Nachtflugverbot ermöglicht allerdings ruhiges Schlafen. Im Stadtteil befindet sich das bekannte Vergnügungsviertel Alt-Sachsenhausen mit zahlreichen Restaurants, Ebbelwoi-Lokalen, Kneipen, Bars und Diskothek.
Maximale Parkdauer: keine Begrenzung
Parkgebühren: keine
Toiletten: keine
Adresse: Hainer Weg, Frankfurt-Süd
GEO-Koordinaten: 50°05'29.0"N 8°41'47.0"E

UM DIE ECKE

Vorräte aufstocken
ARAL Tankstelle Tankstelle mit Backshop und Snacks, 24 Stunden geöffnet.
Darmstädter Landstraße 304

Scheck-in Center Supermarkt mit gutem Frischeangebot.
Hainer Weg 56–60

Esba Frischemarkt Internationaler Supermarkt mit frischen Produkten aus aller Welt und Bäckerei.
Mörfelder Landstraße 6

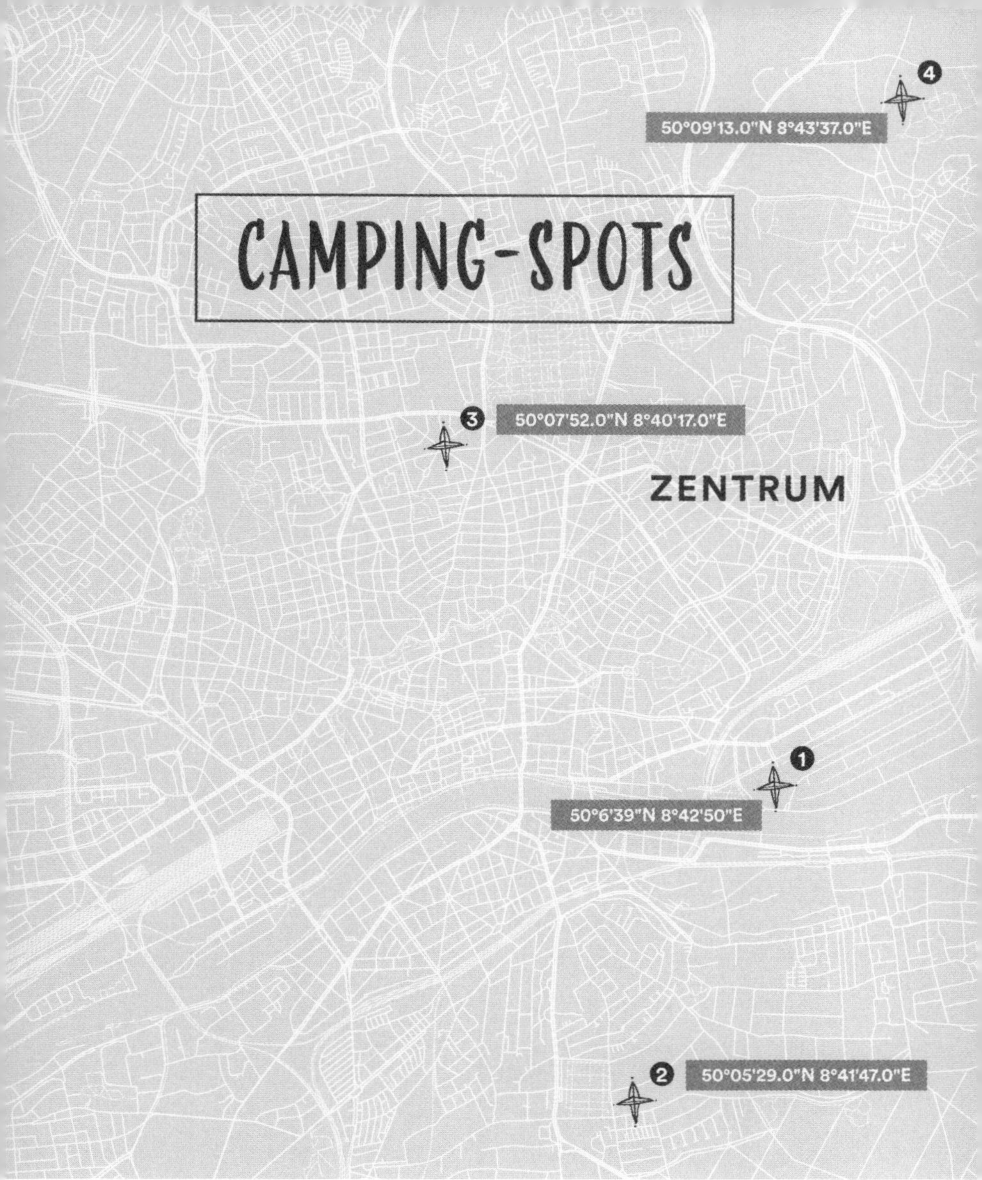

Zeit für einen Kaffee

Backstube Weller Bäckerei mit Café.
Hainer Weg 12 // www.backstube-weller.de

Hier schmeckt's gut

Henninger am Turm Frankfurter Brauhaus am Fuße des Henninger Turms gelegen; hessische Spezialitäten.
Hainer Weg 58 // www.henningeramturm.de

Lokalbahnhof Gemütliches Lokal mit Biergarten und fantasievollen, auch veganen Gerichten mit mediterranen und orientalischen Anleihen.
Darmstädter Landstraße 14 // www.lokalbahnhof.info

Habibi Sandwich Schnellrestaurant mit mediterranen Spezialitäten.
Offenbacher Landstraße 1

VON HIER AUS ENTDECKEN

Rundblick vom Goetheturm
Der Goetheturm bietet eine tolle Aussicht über den Frankfurter Stadtwald bis in die City. Der durch Brandstiftung völlig zerstörte alte Turm wurde mithilfe von Spenden neu errichtet und ist seit 2020 wieder für Besucher offen. Für Nicht-Schwindelfreie ist der 43 m hohe Holzturm mit seinen 196 Stufen mit freier Sicht nach unten allerdings eine Herausforderung.
Sachsenhäuser Landwehrweg 1

Nachtleben in Alt-Sachsenhausen
Das Vergnügungsviertel Alt-Sachsenhausen lädt mit seinen typischen Apfelweinlokalen und Fachwerkhäusern zu einem Bummel und vielleicht sogar zum Verweilen ein, beispielsweise im Apfelwein Dax in der Willemerstraße oder Ebbelwoi Unser im Abtsgäßchen. Hier treffen sich Jung und Alt jeder Nationalität zum geselligen Beisammensein und zum hessischen Nationalgetränk Ebbelwoi, der gewöhnungsbedürftig ist, aber nach dem dritten Glas auf jeden Fall schmeckt. Es gibt aber auch Bier und Wein und deftige Hausmannskost.
Klappergasse und Umgegend

Ebbelwoi-Kneipe in Alt-Sachsenhausen

IN DER NÄHE DER UNIVERSITÄT

❸ Dieser Schotterparkplatz liegt in einem beliebten Studentenviertel im Frankfurter Westend. Der Stadtteil besticht durch seine großbürgerliche Gründerzeitarchitektur und den glitzernden Wolkenkratzern der Banken dahinter. Durch die gute Anbindung an öffentliche Verkehrsmittel kannst du von hier aus Frankfurt sehr gut erkunden.
Maximale Parkdauer: keine Begrenzung
Parkgebühren: keine
Toiletten: keine
Adresse: Eschersheimer Landstr. 165, Zufahrt über Hansaallee, Westend
GEO-Koordinaten: 50°07'52.0"N 8°40'17.0"E

UM DIE ECKE

Vorräte aufstocken
Rewe City // Hansaallee 70–90

Grüneburger Bioladen Kleiner Bioladen mit großem Sortiment.
Grüneburgweg 6

Zeit für einen Kaffee
Wackers Kaffee Frankfurter Traditionsrösterei mit Straßenverkauf.
Grüneburgweg 29

Grandiose Rundumsicht vom Maintower, nichts für Menschen mit Höhenangst.

Café Rotunde Ein vom Studentenwerk betriebenes nettes Café, in dem schon Filmszenen gedreht wurden.
Norbert-Wollheim-Platz 1

Hier schmeckt's gut

Best Worscht in Town Die etwas andere Currywurstbude mit Kultstatus, Currywurst mal anders erleben.
Grüneburgweg 37 // www.bestworscht intown.de

Ebbel & Woi Kellerkneipe, Weinstube mit klassischer Frankfurter Küche.
Vogtstraße 43

Auf einen Drink

6ixty2 Kleine Kellerbar mit gemütlichem Flair.
Fichardtstraße 62 // dein-platz-zum-feiern.de

Westbar Wein und leckere Cocktails.
Myliusstraße 48 // www.westbar-frankfurt.de

VON HIER AUS ENTDECKEN

Architektur-Tour durchs Bankenviertel

Das Frankfurter Westend ist ein guter Ausgangspunkt für eine Architektur-Tour im Bankenviertel. Atemberaubende Fotomotive ergeben sich von ganz allein. Über 30 der hohen Glas- und Betonpaläste sind über 100 m hoch, der höchste knapp 260 m. Viele sind auch spektakulär gestaltet. Eine Liste der wichtigsten Hochhäuser findest du im Skyline-Atlas. Den 198 m hohen und sechshöchsten Wolkenkratzer Frankfurts und Deutschlands kann man hinauffahren. Von der Besucherplattform bietet sich ein unvergesslicher Blick über Frankfurt und das umliegende Rhein-Main-Gebiet.
Bankenviertel // Taunusanlage/Neue Mainzerstraße // www.skylineatlas.de/hochhaeuser-frankfurt/
Maintower // Neue Mainzer Str. 52–58 // www.maintower.de

REINSCHAUEN LOHNT SICH

Frankfurt kulinarisch in der Kleinmarkthalle
Der werktägliche Wochenmarkt in der Kleinmarkthalle im Zentrum ist ein angesagter Hotspot bei den Frankfurtern. Vor allem an Wochenenden trifft man sich in der denkmalgeschützten Halle zu kulinarischen Leckerbissen aus aller Welt, zu einem Glas Wein oder einem guten Kaffee.
Hasengasse 5–7 // http:/kleinmarkthalle.de

Frankfurts berühmter Balkon
Der Römerberg – Frankfurts Herz und historisches Aushängeschild ist seit dem 15. Jh. Sitz der Stadtregierung. Viele kennen die pittoresken Treppengiebelfassaden aus dem Fernsehen, denn bei hochoffiziellen Anlässen treten berühmte Gäste und Frankfurts Oberbürgermeister auf den Balkon im Kaisersaal.
Römerberg 23

Die neue Frankfurter Altstadt
Alt neben neu – in der Altstadt zwischen Römer und Dom ist in einer umfassenden Sanierung eine fast neue Altstadt entstanden. 15 nach alten Bauplänen rekonstruierte Häuser stehen einträchtig neben 20 modernen Neubauten. Der interessante Stilmix fügt sich in ein überzeugend harmonisches Gesamtbild ein. Wirklich sehenswert!
Hühnermarkt/Krönungsweg // www.domroemer.de

Bildung am Museumsufer
Sage und schreibe 15 Museen haben ihr Domizil auf den kurzen Museumsufermeilen beidseitig des Mains. Sie bedienen thematisch fast jedes Interesse der Frankfurt-Besucher. Um nur einige zu nennen: Auf der Nordseite des Mains sind das die renommierte Schirn Kunsthalle, das Archäologische, das Historische und das Jüdische Museum. Auf der Südseite: das Museum für Weltkulturen, die Skulpturensammlung Liebighaus, das Filmuseum und das Museum für Kommunikation. Noch nichts dabei? Dann schau mal auf die vollständige Liste.
www.museumsufer.de

Die Welle und ein Blick in die Zukunft
Die neugestaltete Außenanlage des Bürokomplex »Die Welle«, nahe der Alten Oper, mit ihren kühn geschwungenen, futuristischen Skulpturen ist wirklich sehenswert. Toll!
Leerbachstraße // www.die-welle.de

Palmengarten
Im Palmengarten kannst du dem Höhenrausch und dem Stadttrubel für eine Weile entfliehen. Blumen und Pflanzen aus aller Welt verwöhnen die Augen und streicheln die Seele im botanischen Garten mitten in der Stadt.
Siesmayerstraße 61 // www.palmengarten.de

Grüne Oase Palmengarten in der City

AUF DEM LOHRBERG

❹ Auf dem Lohrberg in Frankfurt Ost gibt es einen ruhigen Schotterplatz. Tagsüber sind viele Tagesausflügler auf dem Hausberg Frankfurts unterwegs, nachts ist es hingegen ruhig. Umgeben von Wäldern ist der Lohrberg für Naturliebhaber eine prima Adresse. In der Nähe hat man eine tolle Aussicht über die Stadt.

Maximale Parkdauer: keine Begrenzung
Parkgebühren: keine
Toilette: keine
Adresse: Am Pfingstlohr 21, Frankfurt-Ost
GEO-Koordinaten: 50°09'13.0"N 8°43'37.0"E

UM DIE ECKE

Vorräte aufstocken
Rewe Gut sortierter, neuer Supermarkt mit großem Parkplatz.
Marktstraße 1 // Ortsteil Bergen-Enkheim

Zeit für einen Kaffee
Main-Äppelhaus Lohrberg Bistro mit Hofladen auf dem Lohrberg, hausgemachte Kuchen, frische Säfte und Obst zum Selbstpflücken (nach Absprache).
Auf dem Lohr // www.mainaeppelhauslohrberg.de

Hier schmeckt's gut
Lohrberg Schänke Hessische Küche und wunderschöner Biergarten.
Auf dem Lohr 9 // lohrberg-schaenke.de

VON HIER AUS ENTDECKEN

Auf dem Lohrberg
Joggen, spazieren gehen picknicken, Seele baumeln lassen und beim Sonnenuntergang mit einem Glas Wein in der Hand das Panorama genießen.
Auf dem Lohr

WIESBADEN

Wiesbaden ist eines der ältesten Kurbäder Europas. Das »Nizza des Nordens« ist bekannt für seine 15 Thermal- und Mineralquellen, seine prachtvollen Bauten wie das Kurhaus und für seine Sehenswürdigkeiten wie der Neroberg oder das Schloss Biebrich. Die Landeshauptstadt Hessens liegt am rechten Rheinufer, direkt gegenüber vom rheinland-pfälzischen Mainz.

WIESBADEN SÜDOST – DIE STADT ZU FUß ENTDECKEN

❶ Umgeben von Kleingartenparzellen kann man in der Breitenbachstraße gut und ruhig auf dem Seitenstreifen parken. In der Umgebung befinden sich zahlreiche Läden und Lokale. Unter der Woche herrscht hier wegen des nahen Hauptbahnhofs reger Pendlerverkehr.

Maximale Parkdauer: ohne Begrenzung
Parkgebühren: keine
Toiletten: keine
Adresse: Breitenbachstraße
GEO-Koordinaten: 50°04'02.1"N 8°14'35.3"E

UM DIE ECKE

Vorräte aufstocken

Lili Wiesbaden Bäckerei, Restaurants.
Bahnhofsplatz 3

Zeit für einen Kaffee

Drei Lilien Café Wunderschönes Jugendstil-Café im Dichterviertel mit hausgemachten Kuchen.
Kleiststraße 2 // www.drei-lilien-cafe.de

Heimathafen Wiesbaden Modernes Café mit nachhaltigem, teils auch veganem Angebot, gut für Allergiker geeignet.
Karlstr. 22 // www.heimathafen-wiesbaden.de

Hier schmeckt's gut

Beef and Bun Hippes Burgerrestaurant, hohe Qualität und super Service.
Moritzstr. 32 // www.beef-and-bun.de

fair.liebt Kleines veganes Restaurant
Wielandstr. 14 // www.fairliebt-vegan.de

Auf einen Drink

c/o* Wiesbaden Lauschige Bar mit schönem Außenbereich.
Moritzstr. 52 // www.co-wiesbaden.de

VON HIER AUS ENTDECKEN

Kurhaus und Spielbank

Das prunkvollste Gebäude Wiesbadens ist das im klassizistischen Stil erbaute Kurhaus mit seinen nicht minder prächtigen Sälen, darunter auch das im Kurhaus befindliche Casino Wiesbaden, das den russischen Dichter Dostojewski zu seinem berühmten Roman »Der Spieler« inspiriert haben soll. Der holzgetäfelte, prachtvolle Weinsaal im Casino ist wirklich beeindruckend.
Kurhausplatz 1

Bild links: Vom Neroberg-Tempel auf Wiesbadens Hausberg hat man Weitblick.

Heilwasser aus dem Kochbrunnen
Wiesbaden ist bekannt für seine Thermalbrunnen, einer der bekanntesten Quellen ist der Kochbrunnen. Bring eine Tasse oder Glas mit, um das Wasser zu kosten.
Taunusstraße 15

Theaterluft schnuppern
Selbst wenn du kein Theaterfan bist – vielleicht kommst du in dem im neobarocken Stil erbauten Hessischen Staatstheater ja auf den Geschmack. Bei mehr als 30 Neuinszenierungen im Jahr könnte wohl etwas Passendes für deine Vorlieben dabei sein.
Christian-Zais-Straße 3 // www.staatstheater-wiesbaden.de

Genießermeile Goldgasse
Eigentlich hat die Goldgasse ihren Namen von den Goldschmiedewerkstätten und -Ateliers, die dort immer noch zu finden sind. Die meisten Menschen kommen allerdings hierher, um in den zahlreichen Gaststätten und Weinlokalen gut zu essen und zu trinken. Mediterranes Flair weht über die gut besetzten Tische der Straßenlokale.

ZENTRALE LAGE MIT BESCHRÄNKUNGEN

❷ Dieser Stellplatz liegt im Rheingauviertel und ist ziemlich zentral und mit allem in der Nähe. Nachteil: An Werktagen von 9–20 Uhr ist die Parkzeit auf zwei Stunden begrenzt, außerhalb dieser Zeiten ist der Platz jedoch kostenlos. Am besten nach 18 Uhr an- und morgens wieder abreisen.
Maximale Parkdauer: Mo–Fr max. 2 Std. zwischen 9–20 Uhr
Parkgebühren: keine
Toiletten: keine
Adresse: Elsässer Platz, Klarenthaler Straße 23
GEO-Koordinaten: 50°04'47.8"N 8°13'25.3"E

UM DIE ECKE

Vorräte aufstocken
Tegut Supermarkt mit großem Bio- und Vegan-Angebot.
Dotzheimer Str. 82

Zeit für einen Kaffee
Café Klatsch Alternatives Café mit abendlichem Kneipenbetrieb, Bio- und Fairtrade-Produkten.
Marco-Brunner-Straße 9 // www.cafeklatsch-wiesbaden.de

Hier schmeckt's gut
Hey Lucie! Gemütliches Straßenlokal, vegan und bio mit großer Auswahl.
Goebenstraße 18 // www.heylucie.de

Auf einen Drink
ARTbar Bar mit großer Weinauswahl, internationalen Bieren und Galerie.
Blücherstraße 23 // www.m.facebook.com/weinbarfotokunstgalerie

VON HIER AUS ENTDECKEN

Stadtschloss Wiesbaden
Das beeindruckende klassizistische Stadtschloss wurde von 1837 bis 1842 seinerzeit für die Herzöge von Nassau erbaut. Es liegt gegenüber dem Alten Rathaus und beheimatet heute den Hessischen Landtag. Die prachtvollen Räume können samstags kostenfrei bei einer Führung besucht werden.
Schlossplatz 1

CAMPING-SPOTS

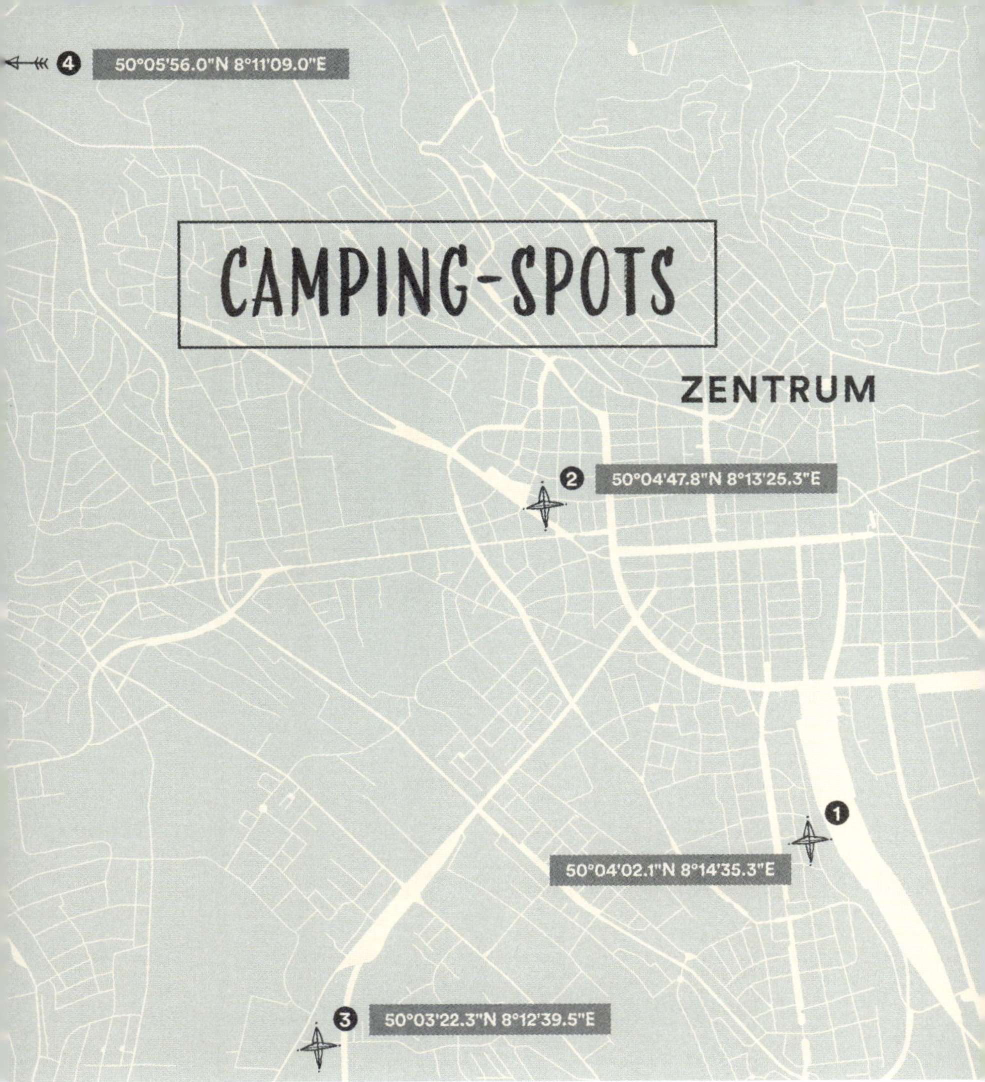

REISEMOBILHAFEN WIESBADEN

❸ Falls du mal wieder von den Serviceeinrichtungen eines offiziellen Stellplatzes Gebrauch machen möchtest, dann ist der Reisemobilhafen Wiesbaden das Richtige, denn er ist preisgünstig und bietet alles, was man als Camper ab und zu braucht: Toiletten, Duschen, Ver- und Entsorgung, Stromanschluss und Gasflaschenservice. Der Platz liegt im Stadtteil Schierstein in der Nähe der Autobahn 66 und 643. Zehn Minuten sind es zu Fuß zum Rheinufer und Schiersteiner Hafen.

Maximale Parkdauer: keine Begrenzung
Parkgebühren: 12 €/Tag
Toiletten: am Platz
Adresse: Wörther-See-Straße 29
GEO-Koordinaten: 50°03'22.3"N 8°12'39.5"E

REINSCHAUEN LOHNT SICH

Mit der Nerobergbahn auf den Neroberg
Die Fahrt mit der Nerobergbahn auf den Neroberg solltest du bei einem Wiesbadenbesuch nicht versäumen. Die vor über 130 Jahren errichtete Standseilbahn wird mit Wasserballast betrieben und bewältigt einen Höhenunterschied von 83 m. Oben hat man vom runden Nerobergtempel einen wundervollen Ausblick über Wiesbaden. In der Nähe gibt es einen Kletterwald.
Wilhelminenstraße 51 // www.nerobergbahn.de

Sektkellerei Henkell
Für Freunde prickelnden Schaumweins bietet die Sektkellerei Henkell am Wochenende verschiedene Führungen durch die Kellerei an. Jacke nicht vergessen, in die Keller geht es bis zu sieben Stockwerke hinunter; mit Verkostung.
Biebricher Allee 142 // www.henkell.com

Russische Kirche
Schon von Weitem sieht man die goldenen Türme der russisch-orthodoxen Kirche auf dem Neroberg in der Sonne blitzen. Herzog Adolf von Nassau ließ sie Mitte des 19. Jh. für seine früh verstorbene russische Gattin, eine Nichte des Zaren Nikolaus I., bauen.
Christian-Spielmann-Weg 1

UM DIE ECKE

Vorräte aufstocken
Tegut // Rheingaustraße 30
Edeka // Alte Schmelze 23

Zeit für einen Kaffee
Eiscafé Venezia Lecker Eis und Kaffee, toller Blick aufs Wasser.
Hafenstr. 13

Hier schmeckt's gut
Arche Noah Schwimmendes Restaurant mit Bootsanleger und deutscher Küche.
Hafenstr. // arche-noah-restaurant.de

Hafenblick Schöne Sommerterrasse im Hafen, gute mediterrane Küche.
Hafenstr. 15 // www.hafenblick-restaurant.de

Auf einen Drink
Weinstand am Schiersteiner Hafen Wein besorgen und Aussicht genießen.
Wasserrolle 23

VON HIER AUS ENTDECKEN

Schiersteiner Hafen
Zum Naherholungsgebiet Schiersteiner Hafen und Pforte zum Rheingau kommen die Wiesbadener gern, um im his-

torischen Ortskern zu bummeln, in einem der Lokale an der Hafenpromenade zu essen und den Blick zu genießen.
www.wiesbaden.de/schierstein

Insel Rettbergsaue
Natur, Ruhe, weiße Sandstrände, Grillplatz – auf der 3 km langen und 300 m breiten autofreien Rheininsel kann man herrlich abschalten, 90 Prozent sind Naturschutzgebiet, keine Hunde erlaubt.
Per Fähre vom Rheinufer Biebrich // www.mattiaqua.de/freizeit/rettbergsaue

Schlossfeeling
Am Rheinufer liegt das Biebricher Schloss mit seinem hübsch angelegten Schlosspark. Nach einem Spaziergang kannst du vom Bistro-Café im Schloss den grandiosen Ausblick genießen.
Rheingaustraße 14

BEIM TIERPARK FASANERIE

❹ Der ruhige Parkplatz Kamphütte liegt in der Nähe des Tierparks Fasanerie, etwa 4 km von der Innenstadt entfernt. Durch die Waldrandlage lassen sich von hier aus Spaziergänge unternehmen.
Maximale Parkdauer: keine Begrenzung
Parkgebühren: keine
Toilette: keine
Adresse: Stollenweg 15
GEO-Koordinaten: 50°5'56"N 8°11'9"E

UM DIE ECKE

Vorräte aufstocken
MIX Markt Supermarkt mit internationalem Sortiment.
Goerdelerstraße 49a

Hier schmeckt's gut
Grillhaus Kust Russische, ukrainische und kaukasische Spezialitäten in gepflegtem Ambiente, auch Take-away.
Otto-Wels-Straße 138 // www.grillhaus-kust.de
Treibhaus Saisonale Frischeküche mit regionalen Zutaten, zauberhafter Biergarten.
Klarenthaler Straße 127 // www.treibhaus-wiesbaden.de

Auf einen Drink
Pau Gasthaus mit Barbetrieb, tolle Lounge/Sommerterrasse.
Wenzel-Jaksch-Str. 14 // www.palau-de-Pau.de

VON HIER AUS ENTDECKEN

Tierpark Fasanerie
Der kleine Tier- und Pflanzenpark wird von der Stadt Wiesbaden und einem Förderverein betrieben und ist daher kostenlos. Zu sehen sind Waschbären, Luchse, Rehe, Wildkatzen und sogar Bären. Leider keine Hunde erlaubt.
Wilfried-Ries-Straße 20 // www.fasanerie.net/fasanerie

Waschbären in der Fasanerie

EUROPA

BELGIEN

Kunst und Kultur oder doch lieber Sonnenbad und Wassersport? Unser Nachbarland Belgien ist vielfältig in seinem Freizeitangebot. Besonders beeindruckend sind die Ardennen im Südosten des Landes. Bunte Städte, Burgen, Festungen und Zitadellen – Belgien überrascht so manchen mit seiner Schönheit. Zudem ist die Wahrscheinlichkeit groß, dass du auf ein UNESCO-Weltkulturerbe triffst. Und um dem Belgien-Trip die Krone aufzusetzen, dürfen belgische Pommes, Bier, Käse, Waffeln und Schokolade natürlich nicht fehlen.

FREISTEHEN MIT DEM CAMPER

Freistehen ist in Belgien grundsätzlich verboten. Eine Nacht kannst du aber wohl unauffällig auf Parkplätzen verbringen. Um in die Städte hinein zu fahren, musst du dich registrieren.

- Registriere deinen Camper in den Städten bevor du hineinfährst unter www.lez.brussels/mytax/de/registration.
- Die Nummernschilder werden automatisiert gescannt. Wer nicht registriert ist, zahlt eine Strafe ab 150 Euro.
- Wenn dein Van die Norm nicht erfüllt und du dennoch in die Umweltzone fahren möchtest, musst du, bevor du hineinfährst, einen Tagespass kaufen.
- Campingähnliches Verhalten mit Stühlen und Tischen ist absolut untersagt.

GENT

Die von Grachten und kleinen Kanälen durchzogene Stadt steht für Kultur und ökologisches Engagement. Ja, richtig gelesen. Bereits seit 2009 ist in Gent donnerstags Vegetariertag. Daher bekommt man in vielen Restaurants vegetarische und vegane Gerichte. Und auch in Sachen E-Mobilität, Umweltschutz und Fair Fashion ist Gent vorne mit dabei. Ein weiteres Plus sind der mittelalterliche Stadtkern und einige Kunst- und Designmuseen, die du super zu Fuß erreichen kannst.

Platt vom vielen Sightseeing in der Stilmetropole Antwerpen.

SPOT 1

Zwischen Uni, Kongresszentrum und Kunstmuseum ist dieser Parkplatz am Citadelpark nur 30 Minuten zu Fuß vom historischen Zentrum entfernt. Nur für kleine Camper. Außerhalb der Umweltzone.

Maximale Parkdauer: 1 Nacht
Parkgebühren: keine
Adresse: Robert Hoozeepark, 9000 Gent
GEO-Koordinaten: 51°2'15.1152"N 3°43'24.5352"E

SPOT 2

In einer Sackgasse mitten in einem Wohngebiet östlich des Hauptbahnhofs befinden sich diese Parkbuchten, in denen du eine ruhige Nacht verbringen kannst. Zu Fuß sind es nur 20 Minuten bis ins Zentrum.

Maximale Parkdauer: 1 Nacht
Parkgebühren: keine
Adresse: Slokkeboomstraat 22–32, 9040 Gent
GEO-Koordinaten: 51°03'38.0"N 3°44'56.8"E

SPOT 3

Dieser schattige Platz liegt mitten in einem Wohngebiet südwestlich des Zentrums auf einer begrünten Verkehrsinsel direkt an der Leie. In knapp 40 Minuten bist du zu Fuß im Zentrum.

Maximale Parkdauer: 1 Nacht
Parkgebühren: keine
Adresse: Gordunakaai, 9000 Gent
GEO-Koordinaten: 51°2'34.944"N 3°41'47.706"E

ANTWERPEN

Antwerpen ist die heimliche Stilmetropole Europas. Hier werden Design und Architektur groß geschrieben, Museen und Galerien punkten mit modernen Ausstellungen, und in den Straßen findest du reichlich Street-Art. Im Fashion District auf der Nationalestraat ist Shopping angesagt: aktuelle Designermode, Vintage-Kleidung und -Möbel oder auch preisgünstigere Teile aus der vergangenen Saison findet man in den Boutiquen.

SPOT 1

Dieser große und öffentliche Parkplatz liegt direkt an der Schelde. Tagsüber ist hier eine Menge los, nachts hörst du die üblichen Stadtgeräusche. Das Zentrum ist zu Fuß nur fünf Minuten entfernt.

Maximale Parkdauer: 1 Nacht
Parkgebühren: keine
Adresse: Sint-Michielskaai 13/ De Plantijnse Zaal, 2000 Antwerpen
GEO-Koordinaten: 51°12'55.1"N 4°23'30.5"E

SPOT 2

Begrünter Parkplatz direkt am Jachthafen. Sogar ein Sandstrand befindet sich in der Nähe. Per Fähre über die Schelde oder durch den berühmten Sint-Annatunnel geht es zu Fuß oder per Leihrad in die City.

Maximale Parkdauer: 1 Nacht
Parkgebühren: keine
Adresse: Jachthavenweg, 2050 Antwerpen
GEO-Koordinaten: 51°14'00.6"N 4°23'28.6"E

Bildschöne historische Altstadtbauten säumen die Grachten in Brügge.

SPOT 3

Sollte Spot 2 belegt sein, kannst du in einer Sackgasse im Wohngebiet, nur 500 m südlich, deinen Van abstellen. Von hier sind es fünf Minuten zu Fuß bis zur kostenlosen Fähre über die Schelde, mit der du in die City gelangst. Alternativ sind es 15 Minuten bis zum Fußgängertunnel Sint-Anna.

Maximale Parkdauer: 1 Nacht
Parkgebühren: keine
Adresse: Fromentinstraat 1–3, 2050 Antwerpen
GEO-Koordinaten: 51°13'49.3"N 4°23'28.4"E

BRÜGGE

Hübsche historische Altstadtbauten aneinandergereiht wie Perlen an einer Kette – das ist Brügge, eine der schönsten Städte der Welt. Wirklich! Auch wenn hier echt viel los ist, Brügge entdeckst du am besten zuerst vom Wasser aus auf einer Grachtenfahrt. Es lohnt sich! Zu Fuß geht es anschließend durch die malerischen Kopfsteinpflastergassen, um in den individuellen Lädchen das eine oder andere Andenken zu ergattern. Ausklingen lässt du den Tag dann am besten in einem der Restaurants und Bars dieser märchenhaften Stadt.

SPOT 1

Der Parkplatz liegt im Westen der Stadt am Kanal, auf dessen gegenüberliegenden Seite die vierspurige Ringstraße entlangführt. Tipp: Wer abends nach 18 Uhr ankommt, kann ein Ticket für vier Stunden lösen und am folgenden Tag bis 13 Uhr bleiben.

Maximale Parkdauer: 1 Nacht
Parkgebühren: max. 4 Std. zwischen 9–18 Uhr; 4 Std./9 €
Adresse: Kazernevest, 8000 Brugge
GEO-Koordinaten: 51°12'37.1"N 3°14'25.4"E

SPOT 2

Für entspannte Tiefschläfer aber auch für Sparfüchse taugt dieser Parkplatz. Er liegt direkt an der stark befahrenen Ringstraße, nicht weit von Spot 1 entfernt. Zu Fuß bist du in rund zehn Minuten in der City.

Maximale Parkdauer: 1 Nacht
Parkgebühren: keine
Adresse: Buiten Boninvest 2, 8310 Brugge
GEO-Koordinaten: 51°12'18.4"N 3°14'16.6"E

SPOT 3

Um Brügge zu erkunden, kannst du nördlich der City eine Nacht direkt am Kanal verbringen. Der Parkplatz ist in Brügges Blauer Parkzone, d h. du darfst mit Parkscheibe tagsüber maximal vier Stunden kostenlos parken. Ab 18 Uhr bis 9 Uhr am Folgetag kannst du kostenlos stehenbleiben.

Maximale Parkdauer: 1 Nacht
Parkgebühren: max. 4 Std. zwischen 9–18 Uhr; 4 Std./9 €
Adresse: Kolenkaai, knapp 100 m östlich der Scheepsdalebrug, 8000 Brugge
GEO-Koordinaten: 51°13'09.5"N 3°12'46.2"E

SCHOTTLAND

Ein Hauch von Geheimnis und Magie liegt in der Luft, wenn man durch die beeindruckenden Landschaften Schottlands reist. Die unendlichen Weiten, sanften Hügel, atemraubenden Bergformationen wie auch die uralten Schlösser und Burgen versetzen einen in eine andere Zeit. Kein Wunder also, dass das Land mit seinen sagenumwobenen Highlands immer wieder als Kulisse für Filme und Bücher diente. Die schottischen Städte versprühen ebenfalls den Charme vergangener Zeiten. Trotzdem ist das Leben dort modern, laut und bunt.

FREISTEHEN MIT DEM CAMPER

Freistehen ist in Schottland nur mit Zelt und in der Natur erlaubt. Mit dem Camper fällt das unter den Begriff »Informal Camping« und wird bedingt geduldet.

- ✗ Camper dürfen sich maximal 14 m von einer Straße entfernen
- ✗ Außerhalb der Städte ist Abstand zu den oft einspurigen Straßen einzuhalten, damit genug Platz für den Verkehr bleibt.
- ✗ Übernachten in Nationalparks ist nicht erlaubt.
- ✗ Schilder mit »No overnight parking« oder »No overnight camping« ernst nehmen.
- ✗ Urbane Parkplätze sind selten umsonst und immer etwas laut. Dafür aber nachts und Samstag/Sonntag kostenlos.

GLASGOW

Die größte Stadt Schottlands kommt – ganz untypisch für das Land – ohne Burgen und Schlösser aus. In der ehemaligen Arbeiterstadt findest du eher alte Fabrikgebäude, in die in coole Restaurants und angesagte Cafés und Bars eingezogen sind. Unbedingt das Studentenviertel besuchen, denn das Unigebäude ist beeindruckend und diente Joanne K. Rowling als Inspiration für ihre Harry-Potter-Bücher. Nachts legt das pulsierende Glasgow noch eine Schippe drauf. Die Glasgower lieben es auszugehen. Am Besten geht das rund um Merchant City.

SPOT 1

In einer Seitenstraße, ganz in der Nähe von Merchant City, parkst du an der Straße. Der Spot ist dennoch nachts relativ ruhig.

Maximale Parkdauer: keine Begrenzung
Parkgebühren: keine
Adresse: 26 Florence St, Glasgow G5 0YX
GEO-Koordinaten: 55°51'04.8"N 4°14'50.1"W

SPOT 2

Zentraler, tagsüber bewachter Bezahlparkplatz mit Öffnungszeiten und jeder Menge Platz auch für größere Camper. Von hier sind es nur wenige Gehminuten ins Zentrum.

Maximale Parkdauer: keine Begrenzung
Parkgebühren: Mo–Fr 7–20, Sa 9–19, So 10–18 Uhr; ab 3 £/2 Std. bis 13 £/24 Std.; So 3 £
Adresse: 6 Blackfriars Rd, Glasgow G1 1QW
GEO-Koordinaten: 55°51'31.6"N 4°14'22.2"W

SPOT 3

Ein ruhiger und geschützter Parkplatz im Schatten einer Kathedrale. Tagsüber ist ein Parkplatzwächter vor Ort. Von hier aus ist alles fußläufig erreichbar. Toiletten bis 20 Uhr.

Maximale Parkdauer: keine Begrenzung
Parkgebühren: Mo–Sa 8–18 Uhr ab 1,80 £; nach 18 Uhr 3 £; So 8–18 Uhr 3,50 £
Adresse: Collins St, Glasgow G4 0RA
GEO-Koordinaten: 55°51'42.5"N 4°14'16.6"W

Studierende entspannen auf der Wiese vor dem Kelvingrove Art Museum.

Blick auf Edinburgh und sein Schloss vom Aussichtspunkt Holyrood Park

EDINBURGH

Im Sommer wird Edinburgh zur absoluten Festivalstadt und zieht viele internationale Touristen an. Dann geht es in den zahlreichen Cafés und Pubs lebendig und fröhlich zu. Viele Aussichtspunkte und Sehenswürdigkeiten liegen auf Anhöhen oder am und auf dem Berg Arthur's Seat, um den die Stadt quasi herumgebaut worden ist.

SPOT 1

Nur etwa 20 Minuten zu Fuß von der Altstadt entfernt liegt dieser öffentliche Parkplatz am südöstlichen Rand des Parks The Meadows in einem Wohnviertel (Bitte nimm Rücksicht und verhalte dich unauffällig). Die Lage ist ausgezeichnet für einen Stadtbummel.

Maximale Parkdauer: 1 Nacht
Parkgebühren: Mo–Fr max. 6 Std. zwischen 8.30–17.30 Uhr; 2,80 £/Std.
Adresse: 13 Melville Terrace, Edinburgh EH9 1LY
GEO-Koordinaten: 55°56'22.9"N 3°11'03.3"W

SPOT 2

Am Fuße des Calton Hills ist dieser Platz für all diejenigen geeignet, die kein Problem damit haben, an einer größeren Straße zu übernachten. Dafür hat man einen tollen Ausblick über die Altstadt und steht absolut zentral.

Maximale Parkdauer: 1 Nacht
Parkgebühren: Mo–Fr max. 4 Std. zwischen 8.30–17.30 Uhr 2,80 £/Std., nachts kostenlos
Adresse: Regent Rd, A1, Edinburgh EH8 8EQ
GEO-Koordinaten: 55°57'11.5"N 3°10'51.8"W

SPOT 3

Einer der wenigen 24-Std.-Parkplätze, direkt an einer Polizeistation, Superstores und Cafés sind in unmittelbarer Nähe. Zu Fuß geht es durch das charmante Dean Village in die Altstadt.

Maximale Parkdauer: 1 Nacht
Parkgebühren: Mo–Fr zwischen 8.30–17.30 Uhr, 2,40 £/Std.
Adresse: 2 Carrington Rd, Edinburgh EH4 1QR
GEO-Koordinaten: 55°57'43.0"N 3°13'27.6"W

ABERDEEN

Kultur pur erlebst du in Aberdeen. Am besten lässt sich die Stadt daher zu Fuß erkunden, denn so kannst du in die vielen Galerien und Kunstgeschäfte eintauchen, Kunstsammlungen unter die Lupe nehmen und beeindruckende (Granit-)Architektur bestaunen. Die Stadt liegt direkt an der Nordsee und weist viele Parks und hübsch angelegte Grünanlagen auf.

SPOT 1

Parkplatz direkt an der Strandpromenade mit Blick auf die Nordsee. Lokale, Pubs und Supermärkte sind in der Nähe.

Maximale Parkdauer: keine Begrenzung
Parkgebühren: keine
Adresse: 2–3 Esplanade, Aberdeen AB24 5NS
GEO-Koordinaten: 57°09'02.2"N 2°04'38.8"W

SPOT 2

Die Parkplätze am Riverside Drive liegen direkt an Fluss Dee und Park, aber eben auch an einer stark befahrenen Straße. Ohrstöpsel nicht vergessen!

Maximale Parkdauer: keine Begrenzung
Parkgebühren: keine
Adresse: Riverside Drive, A945, Aberdeen AB10 7LE
GEO-Koordinaten: 57°07'39.6"N 2°06'59.8"W

SPOT 3

In der Nähe vom sehenswerten Old Aberdeen parkst du hier mitten im Grünen – und zwar kostenlos. Öffentliche Toiletten gibt es auch.

Maximale Parkdauer: keine Begrenzung
Parkgebühren: keine
Adresse: 152 Don St
GEO-Koordinaten: 57°10'19.8"N 2°05'54.8"W

Das Marischal College in Aberdeen

NORWEGEN

Das Reich der Berge und glitzernden Fjorde kann man einfach mit dem Camper oder Bulli erkunden, und zwar zu jeder Jahreszeit: Im Sommer, wenn die Sonne so gut wie nie untergeht, im Winter, wenn die Tage kurz sind und sich die verschneiten Landschaften in atemberaubende Fotomotive verwandeln. Inmitten dieser faszinierenden Natur bieten moderne und pulsierende Städte genau die richtige Abwechslung.

FREISTEHEN MIT DEM CAMPER

Norwegen gehört zu den teuersten Ländern der Welt. Das gilt auch fürs Parken. Es gibt aber ein paar Ausnahmen.

- ✗ Entlang öffentlicher Straßen darfst du nur auf Parkplätzen und nicht im Umfeld landwirtschaftlich genutzter Flächen stehen.
- ✗ Das Aufstellen von Tischen und Stühlen ist nicht erlaubt.
- ✗ Parkregeln beachten, sonst wird es mit 600 NOK (umgerechnet knapp 60 €) Bußgeld ein teures Vergnügen.

OSLO

Die Metropole am Oslofjord hat einfach alles: Wolkenkratzer, Parks, Strände und Shoppingmeilen. Hip, modern und lebhaft – in den bunten Stadtvierteln werden alle Geschmäcker bedient. Die kulinarische Szene reicht von Streetfood bis hin zu experimenteller Sterneküche – auf heimische Zutaten wird jeweils Wert gelegt. Und zum Entspannen geht es auf das Saunafloß, das im Hafen gleich neben der Oper ankert.

SPOT 1

Auf dem großen, beleuchteten Parkplatz mitten im Fährhafen herrscht reichlich Trubel, dafür liegt er zentral. Toiletten von 9–17 Uhr gegen Gebühr im Fährterminal. Achtung: Mit den Reifen akkurat innerhalb der Markierung stehen, sonst wird's teuer.

Maximale Parkdauer: 1 Nacht
Parkgebühren: 250 NOK/28 Std.
Adresse: Vippetangkaia, 0150 Oslo
GEO-Koordinaten: 59°54'13.7"N 10°44'31.6"E

SPOT 2

Zentral und ruhig liegt dieser Platz mitten im Wohngebiet, 20 Gehminuten bis zur Oper. Ein paar Bars, Supermärkte und Cafés sind in der Nähe. Eher für kleinere Camper oder Bullis geeignet.

Maximale Parkdauer: 1 Nacht
Parkgebühren: Mo–Sa 167 NOK/24 Std.
Adresse: Jarlegata, 0656 Oslo
GEO-Koordinaten: 59°54'30.1"N 10°46'24.0"E

SPOT 3

Wer auf die Reisekasse achten muss, aber gut zu Fuß ist, wird diesen Parkplatz mögen. Von hier am Skulpturenpark überblickst du ganz Oslo. Du brauchst 45 Minuten zu Fuß ins Zentrum. Für ein paar Kronen kannst du auch den Bus nehmen.

Maximale Parkdauer: 1 Nacht
Parkgebühren: keine
Adresse: Valhallveien, 0193 Oslo
GEO-Koordinaten: 59°54'01.7"N 10°46'14.6"E

BERGEN

Inmitten der größten Fjorde liegt die zweitgrößte Stadt Norwegens, auch »Herz der Fjorde« genannt. Die bunten Häuser schweben quasi auf dem kristallklaren Wasser der Bucht. Lass dich vom Flair verzaubern: Im quirligen

Oslos ultramoderne Oper ist komplett begehbar und eröffnet tolle Aussichten.

Hafenviertel Bryggen entdeckst du in den historischen Holzhäusern Museen, hübsche Geschäfte und Galerien. Auf dem lebhaften Fischmarkt werden auch Kunsthandwerk und Souvenirs feilgeboten. Und abends locken Kneipen mit Livemusik.

SPOT 1

Unter einem riesigen bunten Street-Art-Werk stehst du hier auf einem der wenigen 24 Std.-Parkplätze in Bergen. Super zentral und ruhig in der Nacht.
Maximale Parkdauer: 24 Std.
Parkgebühren: 30 NOK/Std., 160 NOK/24 Std.
Adresse: Nygårdsgaten 92, 5008 Bergen
GEO-Koordinaten: 60°23'08.2"N 5°19'54.0"E

Bergen, Norwegens zweitgrößte Stadt

SPOT 2

Kleiner, kostenloser Parkplatz am Hafen. Nachts etwas laut, aber dafür bist du in 20 Minuten im Zentrum und zahlst keinen Penny. Bei warmen Temperaturen lockt ein Sprung ins kühle Nass..
Maximale Parkdauer: 1 Nacht
Parkgebühren: keine
Adresse: Damsgårdsveien 175, 5160 Laksevåg
GEO-Koordinaten: 60°23'10.6"N 5°18'07.7"E

SPOT 3

Kleiner Parkplatz am Berg Fløyen. Von hier kannst du toll die Stadt überblicken. Zu Fuß sind es ca. 30 Minuten bis Bryggen, aber der Weg lohnt sich. Alternativ nimmst du die Seilbahn.
Maximale Parkdauer: 1 Nacht
Parkgebühren: Mo–Fr 8–23, Sa 8–17 Uhr 10 NOK/Std. oder 150 NOK/24 Std.
Adresse: Ole Irgens' vei 91, 5190 Bergen
GEO-Koordinaten: 60°23'32.6"N 5°20'24.4"E

TRONDHEIM

Trondheim mag nicht auf jeder Bucket-Liste vorkommen, ist aber mein persönlicher Tipp. Eine Studentenstadt mit toller kulinarischer Szene: Die Studenten prägen das Nachtleben und die Gastronomie interpretiert die lokale Küche neu. Besonders viel Charme hat das Viertel Bakklandet mit seinen bunten Holzhäusern,

Die Docks in Trondheim sind mit ihren bunten Häusern ein beliebtes Fotomotiv.

die die Kopfsteinpflastergassen säumen. In den kleinen individuellen Cafés und Boutiquen wird gesnackt, geshoppt und genossen.

SPOT 1

Kostenloser Parkplatz am Friedhof, von dem aus du in etwa 30 Minuten zu Fuß in der Stadt bist. Die Parkdauer ist auf zehn Stunden begrenzt. Also abends ankommen, die Stadt erkunden und am nächsten Morgen weiterreisen.

Maximale Parkdauer: 10 Stunden
Parkgebühren: keine
Adresse: Lade alle, 7041 Trondheim
GEO-Koordinaten: 63°26'43.9"N 10°26'16.8"E

SPOT 2

Du parkst direkt an der Straße neben einem Park. Der Platz ist ruhig gelegen und am Wochenende kostenlos. Nur zehn Gehminuten bis zum Nationalheiligtum Nidaros Dom.

Maximale Parkdauer: 1 Nacht
Parkgebühren: Mo–Fr max. 3 Std. zwischen 8–18 Uhr, 29 NOK/Std.
Adresse: Høgskoleveien, 7030 Trondheim
GEO-Koordinaten: 63°25'18.6"N 10°23'50.3"E

SPOT 3

Kleiner, aber feiner Schotterparkplatz an der Straße oberhalb von Trondheim. Von hier aus kannst du deine Wanderung starten, aber auch die Stadt erkunden. Bis ins Zentrum sind es zu Fuß etwa 30 Minuten.

Maximale Parkdauer: 1 Nacht
Parkgebühren: keine
Adresse: Roald Amundsens vei, 7020 Trondheim
GEO-Koordinaten: 63°25'51.1"N 10°21'13.7"E

SCHWEDEN

Angeln, Schwimmen, Wandern und die Ruhe der Natur genießen. Wer an Schweden mit dem Camper denkt, der hat sofort weitläufige Landschaft mit Seen, Wäldern und Stränden vor Augen. Das Allemannsrätt (Jedermannsrecht) schenkt Campern ja auch gewisse Freiheiten, gilt allerdings nicht für motorisierte Reisende. Dafür sind die Straßen gut ausgebaut und die Schweden sehr hilfsbereit. Egal, ob junge Universitätsstadt, trendige Hauptstadt oder kulinarische Stadt zwischen den Bergen – in Schweden unterwegs zu sein, heißt überall das Land mit allen Sinnen zu erleben.

FREISTEHEN MIT DEM CAMPER

Kostenlose oder zentrale Spots gibt es in den größeren schwedischen Städten kaum. Aber mit ein paar Tricks lässt sich Geld sparen.

- Per Gesetz dürft ihr mit dem Camper in Schweden auf öffentlichen Parkplätzen, an manchen Straßen aber niemals an Vorfahrtsstraßen, maximal 24 Stunden stehen.
- Auf Parkschildern stehen weiße Ziffern ohne Klammern für Mo–Fr, in Klammern für Samstage und vor Feiertagen, rote für Sonntage. *Tim* bedeutet Stunden, *avgift* Gebühr und eine *P-skiva* ist eine Parkscheibe.
- Beachtet die Angaben auf den Schildern und haltet euch unbedingt an sämtliche Vorschriften. Es wird streng kontrolliert und die Bußgelder reißen tiefe Löcher in die Reisekasse.
- Campingähnliches Verhalten, also Tische und Stühle aufstellen, ist nicht erlaubt.

STOCKHOLM

Wer nach Schweden reist, kommt an der wunderschönen Hauptstadt einfach nicht vorbei. Zu attraktiv ist diese coole und abwechslungsreiche Stadt: hippe Cafés und Szene-Bars, kleine individuelle Geschäfte, spannende Museen sowie historische, imposante, hübsche oder alternative Stadtviertel, die unterschiedlicher kaum

Picknick mit Aussicht vom Skinnarviksberget auf Soedermalm.

sein können. Und zwischendurch, wenn es die Sonne zulässt, ein Sprung ins erfrischende Nass.

SPOT 1

Ihr parkt hier zwar an der Straße, aber auch an einem großen Park. Zu Fuß sind es ca. 20 Minuten bis in die City. Tipp: am Samstagabend ankommen und bis zum Sonntagabend kostenlos stehen. Achtung: Trotzdem am Automaten registrieren!

Maximale Parkdauer: 1 Nacht
Parkgebühren: Mo–Fr 7–19, Sa 11–17 Uhr 15 SEK/Std.; Parkverbot Mo 0–7 Uhr
Adresse: Valhallavägen, 115 27 Stockholm
GEO-Koordinaten: 59°20'13.2"N 18°06'19.1"E

SPOT 2

Sehr zentral gelegen ist dieser Parkplatz in Årsta. Mit direkter Metro-Anbindung in die City und nur wenige Gehminuten bis nach Södermalm, dem bunten Stadtviertel mit Bars und Shops.

Maximale Parkdauer: 1 Nacht
Parkgebühren: 50 SEK/24 Std. oder 10 SEK/Std.
Adresse: Park & Ride Enskedehallen, 120 39 Årsta
GEO-Koordinaten: 59°17'59.6"N 18°04'41.5"E

SPOT 3

Hier bekommt der Ausdruck »unter der Brücke schlafen«eine ganz neue Bedeutung. Von der Insel Långholmen brauchst du zu Fuß am Kanal entlang

etwa 45 Minuten in die Altstadt. Schneller geht's mit dem E-Scooter.
Maximale Parkdauer: 1 Nacht
Parkgebühren: 99 SEK/24 Std. (kein Anwohnerticket lösen!)
Adresse: Skutskepparvägen, Långholmen, 117 33 Stockholm
GEO-Koordinaten: 59°19'12.2"N 18°01'53.0"E

MALMÖ

Stadt der Gegensätze wird Malmö auch gerne genannt. Dabei vereint die Universitätsstadt in Wahrheit doch so vieles: Moderne Wolkenkratzer ragen über historische Plätze, Kulturen aus aller Welt siedeln sich hier an und bereichern die heimische Küche und dank der Öresundbrücke ist es nur ein Katzensprung ins Nachbarland Dänemark.

SPOT 1

Mitten in der City und doch im Grünen. Die Parkplätze befinden sich an einer relativ ruhigen Straße und du kannst die Stadt zu Fuß erkunden. Öffentliche Toiletten gibt es tagsüber auch.
Maximale Parkdauer: 1 Nacht
Parkgebühren: Mo–Fr 9–18, Sa 9–16 Uhr 15 SEK/Std.
Adresse: Kung Oscars väg, 211 42 Malmö
GEO-Koordinaten: 55°36'00.8"N 12°59'22.7"E

Beeindruckende Skyline in Malmö im Licht des Sonnenuntergangs

SPOT 2

Großer gebührenpflichtiger aber günstiger Parkplatz. In rund 20 Minuten seid ihr zu Fuß in der Altstadt und könnt von hier auch den Rest Malmös erkunden.
Maximale Parkdauer: 24 Std.
Parkgebühren: gebührenpflichtig nach Wochentag und Zeitspanne
Adresse: Åsgårdsgatan, 212 17 Malmö
GEO-Koordinaten: 55°36'20.4"N 13°01'52.9"E

SPOT 3

Ebenfalls an einem Park gelegen ist dieser Parkplatz nur für kleinere Camper geeignet (bis 5,30 m). Da er relativ gut besucht ist, fühlt man sich sicher. Rund 20 Minuten sind es zu Fuß in die Stadt.
Maximale Parkdauer: 1 Nacht
Parkgebühren: tgl. 9–18 Uhr 10 SEK Std.
Adresse: Roskildevägen, 217 46 Malmö
GEO-Koordinaten: 55°35'29.7"N 12°59'12.0"E

ÖSTERSUND

Östersund hat ein ganz besonderes Flair. Vielleicht liegt es daran, dass die Stadt inmitten von Bergen am Storsjön, einem der größten Seen Schwedens liegt? Die Innenstadt ist bekannt für ihre zahlreichen kleinen Läden. Ob im warmen Sommer mit den langen Mittsommernächten oder im eiskalten Winter, wenn sich der Storsjön in eine spiegelglatte Rutschbahn verwandelt – Östersund wird dich verzaubern.

Östersund vom Uferparkplatz gesehen

SPOT 1

Einen fantastischen Blick auf Östersund hast du von diesem Uferparkplatz. Bis ins Zentrum sind es gut 30 Minuten zu Fuß – immer am Wasser entlang.
Maximale Parkdauer: 1 Nacht
Parkgebühren: keine
Adresse: Frösön, 832 51 Frösön
GEO-Koordinaten: 63°10'12.4"N 14°36'35.3"E

SPOT 2

Fast genau gegenüber liegt dieser Parkplatz, von dem du in wenigen Gehminuten im Stadtzentrum bist. Es gibt öffentliche Toiletten in 200 m Entfernung und WLAN vom nahe gelegenen Bahnhof.
Maximale Parkdauer: 1 Nacht
Parkgebühren: 9–18 Uhr 5 SEK/Std., So ab 15 Uhr kostenlos
Adresse: Storsjö Strand, Storsjöstråket, 831 30 Östersund
GEO-Koordinaten: 63°10'29.0"N 14°37'50.2"E

AUTOR*INNEN

BERLIN & POTSDAM

Hallo, wir sind **Josefine** und **Stefan** und lernten uns in Berlin kennen. Wir verliebten uns nach kurzer Zeit nicht nur ineinander, sondern auch in unseren Chevy Van Emil. In der Kindheit gehörten Urlaube im Campingbus für uns beide dazu, und so dauerte es nicht lange, bis die Idee geboren war, Vollzeit in Emil einzuziehen. Gemeinsam reisen wir nun als Nomaden durch Europa und bauen mittlerweile unseren zweiten Camper aus, einen Fiat Ducato namens »Lotti«. In unserem »Heart Talk Podcast« sprechen wir nicht nur über die Höhen und Tiefen des Lebens auf wenigen Quadratmetern, sondern auch über erfüllte Beziehungen und einen achtsamen Lebensstil.
Auf unserer Website www.wearehereweare now.com erfährst du mehr über unsere Projekte.

DRESDEN, LEIPZIG & WEIMAR

Wir sind **Uli** und **Juri** von Travelcaddy. Schon als Kinder waren wir mit unseren Eltern in Zelt und Wohnmobil im Campingurlaub unterwegs. Uli, wie es sich für eine echte Sächsin gehört, vorwiegend an der Ostsee, Juri mit seinen Eltern im VW LT28 im ehemaligen Jugoslawien. 2017 reduzierten wir unsere Arbeitsstunden und begannen zu überlegen, worauf es uns im Leben wirklich ankommt, was uns glücklich macht und was wir ändern möchten. So entstand die Idee von Travelcaddy.de. Seitdem ist viel passiert, wir haben tolle Menschen kennengelernt, durften traumhafte Orte entdecken und haben auch wieder mehr zu uns selbst gefunden.

FRANKFURT, HEIDELBERG & WIESBADEN

Wir, **Chiara** (27) und **Kevin** (33), haben uns vor gut einem Jahr unseren Traum vom eigenen DIY-Campervan erfüllt. Auf einer selbst geplanten Thailandrundreise hat uns das unabhängige Reisen gepackt. Zurück in Deutschland haben wir unsere Pläne vom eigenen Camper konkretisiert und unseren Traum erfüllt. Da stand er nun – unser Basisfahrzeug, ein Renault Master. In sechs Monaten voller Leidenschaft, Verzweiflung, Schweiß und Tränen haben wir unseren Van

selbstständig und mit Hilfe unserer Familien ausgebaut. Auf der ersten Camper-Reise nach Kroatien konnten wir wunderschöne Landschaften, Erinnerungen und unvergessliche Momente sammeln. Unsere zweite große Reise ging über die Schweizer Alpen nach Sardinien. Hier konnten wir Karibikfeeling hautnah erleben: türkisfarbenes Meer mit einem Übernachtungsplatz, keine vier Meter vom Wasser entfernt. Herrlich! Einige Ziele warten noch auf uns, sei es eine Rundreise durch Skandinavien bis ans Nordkap oder ein Trip auf die Iberische Halbinsel.
Was gibt es Schöneres, als spontan und unabhängig zu reisen? Ganz nach unserem Motto: »One life. Live it.« @vantastic_olli

FREIBURG

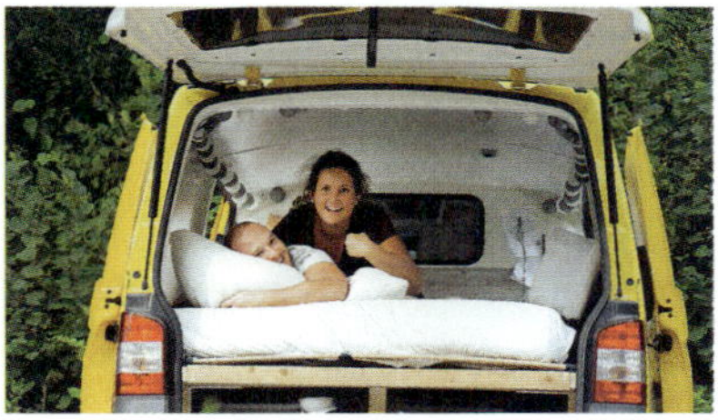

Hallo, wir sind **Andy & Nicki** und wir lebten zwei Jahre in unserem selbstausgebauten VW T5 Camper Bobby. Wir überwinterten in Spanien und genossen tolle Sommer in Italien, Frankreich und der Schweiz. Unseren Ausbau findest du auf der Website www.ausgevandert.de und unser »Project Vanlife Podcast« bietet dir Tipps für deinen Ausbau und Vanlife.

HAMBURG

Hallo, ich bin **Katharina Schmidtke** und lebe in Hamburg. Dort arbeite ich als Anwältin, Journalistin und Yogalehrerin. Auf meinem Reiseblog www.katetravels.de schreibe ich über Reisen in ferne Länder und über Surftrips mit meinem Renault Kangoo. Der Kastenwagen ist zwar kleiner als ein Bulli und Co., aber gemütlich ausgebaut wie eine kleine Holzhütte am Meer und zugleich praktisch, vor allem in der Stadt.

KÖLN, DÜSSELDORF, MÜNSTER & RUHRGEBIET

Wir sind **Juli, Mike** und Hund Pan, auch bekannt als »Die Roadies«. Wir reisen fünf bis sechs Monate im Jahr mit dem Wohnmobil durch ganz Europa und machen an den schönsten Flecken Fotos. Da ich, Juli, von Beruf Fotografin und Grafikdesignerin bin, können wir viele Aufträge aus der Industrie von unterwegs aus bearbeiten. Mike ist eigentlich von Beruf Musikproduzent und DJ, hat sich aber in den letzten beiden Jahren mehr und mehr mit Drohnenfotografie befasst, was bei unseren Aufträgen eine super Ergänzung zur normalen Fotografie darstellt. Last but not least unser Hund Pan: von Beruf »Staubsauger« und treuer Begleiter auf jeder Reise sowie geduldiges Fotomodell, solange man genügend Leberwurst dabei hat. Für ihn gibt es nichts Schöneres als das Reisen im Wohnmobil, wenn sein Rudel mit ihm zusammen ist. Auf unseren Reisen stehen wir nur sehr selten auf Campingplätzen und versuchen immer, soweit es erlaubt ist, frei zu stehen. Denn genau das bedeutet Camping für uns: Absolute Freiheit! Und die finden wir nicht auf einem Campingplatz.
Instagram@die_roadies; www.facebook.com/DieRoadies; www.die-roadies.de

LÜBECK & KIEL

Wir sind **Anna** und **Kersten** aus Schleswig-Holstein. Unterwegs reicht uns der Übernachtungsplatz im Auto meist schon gut aus, um den Ort, in dem wir stehen, zu erkunden. Es hat uns richtig Spaß gemacht, in diesem Buch dir ein paar triftige Gründe zu liefern, unbedingt mal im Bundesland zwischen den beiden Meeren vorbei zu schauen. Dazu hier noch ein kleiner lifehack: Wenn du dich mit dem Auto abends zum Übernachten an einen ostwärts ausgerichteten Ostseestrand stellst, steigt die Sonne am nächsten Morgen aus dem Meer empor. Fährst du dann tagsüber entspannt an die eineinhalb Stunden entfernte Nordseeküste, siehst du die Sonne abends im Meer untergehen.

MÜNCHEN

Wir, das sind **Karin** und **Sascha,** beide Jahrgang 1974 und seit ein paar Jahren leidenschaftlich mit unserem Kastenwagen »Hightower« unterwegs. Wir betreiben unseren Vanlife-Blog **www.road-of-life.de** und füttern diesen mit unseren Reiseerlebnissen, Städtetrips und Erfahrungen. Zur Zeit leben wir in Leverkusen und haben zwei erwachsene Töchter, die uns immer wieder gern mal begleiten. Wir haben den Wagen so ausgebaut, dass wir mit zwei Personen sechs Tage ohne Probleme stehen können, bevor uns die begrenzte Kapazität unserer Toilette und Wasser dazu zwingt, ‚zu ent- und versorgen. Mit vier Personen entsprechend kürzer. Wir erkunden gern Großstädte auf diese Art und Weise, denn man taucht praktisch nicht nur als Tourist in die Stadt ein, sondern setzt sich viel mehr mit dem Leben und den Menschen vor Ort auseinander und bekommt so ein viel intensiveres Gefühl für die Stadt. Wir genießen diesen Lifestyle, der sich Vanlife nennt, in jeder erdenklichen Form, sogar auf unseren Urlaubsreisen, fernab von Großstädten.

NÜRNBERG

Hallo, ich bin **Heike Müller,** Diplom-Germanistin und Ethnologin in der internationalen Tourismusbranche mit Stationen im klassischen Reisebuchverlag und in einem Travel-Tech-Startup. Mit meinem Mann und meiner Tochter lebe ich heute in Nürnberg. Wann immer es geht, bin ich mit meiner Familie unterwegs: im Camper, in einer Ferienwohnung oder auch mal im schicken Hotel – die Mischung macht's.

ROSTOCK

Hey, hier schreiben **Miri & Micha,** Outdoorblogger und Fotografen. Mit unserem selbstausgebauten Van reisen wir um die Welt, sammeln Geschichten und Momente, bewundern die großen und ganz kleinen Dinge, denen wir täglich begegnen. Von den Abenteuern unterwegs berichten wir auf unserem Blog **outdoornomaden.de**, dem Ort, an dem wir unseren Ideen freien Lauf lassen und dich mitnehmen, auf Reisen, in unsere Gedanken oder in unseren Alltag. Im Van leben? Das war immer unser großer Traum, nur lange zugeschüttet, zwischen Alltag und täglicher To-Do-Liste. Dann haben wir all unseren Mut zusammen genommen und unser Traumhaus auf vier Rädern gebaut. Zuhause ist nun, wo wir gerade parken. Reiseberichte und Geschichten schreiben wir dort, wo sie entstehen. Wir glauben: Das Leben ist zu kurz für irgendwann. Und wer weiß schon, was das Morgen bringen wird?

STUTTGART

Wir sind **Ann** (30) und **Manu** (32) und leben im Heilbronner Land. Unsere Leidenschaft für alternative Reiseformen begann 2018, als wir für drei Wochen mit Zelt und Cabrio im wunderschönen Norwegen unterwegs waren. Seitdem steht für uns fest: Nie wieder Pauschalurlaub! Aber etwas mehr Komfort, als ein Zelt es bietet, durfte es dann doch sein. Anfang 2019 haben wir uns einen komplett leeren VW LT 31 (Bj. 1982) gekauft und ihn nach unseren Wünschen ausgebaut. Das ist er – unser »Luplon«. Seitdem war Luplon allzeit bereit, mit uns Abenteuer zu erleben. Drei Wochen Frankreich, vier Wochen Portugal, diverse Wanderausflüge im Ländle und darüber hinaus. Oder sogar einfach nur als gemütliche Schlafgelegenheit nach einem Besuch bei Freunden in der Stadt.

WÜRZBURG

Wir sind **Daniela & Patrick** aus Würzburg, lieben es zu reisen, fremde Kulturen kennenzulernen und haben beide ein Faible für Camping und Backpacking. 2017 haben wir den Entschluss gefasst, unsere Komfortzone und das gewohnte Umfeld zu verlassen und unseren großen Traum Wirklichkeit werden

zu lassen. Jobs gekündigt. Autos abgemeldet. Wohnung vermietet. Bereits nach drei Monaten Van-Life in Neuseeland stand für uns beide fest, dass wir unbedingt einen eigenen Van ausbauen wollen. Mittlerweile sind wir zurück in Würzburg und haben uns den Traum vom eigenen Van erfüllt. In weniger als drei Monaten haben wir einen 40 Jahre alten VW LT 28 zu unserem Abenteuermobil ausgebaut und reisen seitdem so oft wie möglich durch Europa. Gerade haben wir Deutschland und auch unsere Heimatstadt Würzburg nochmal auf eine ganz neue Art und Weise kennen und lieben gelernt.

BELGIEN, NORWEGEN, SCHOTTLAND, SCHWEDEN

Ich bin **Iris,** und die Bulli-Liebe hat mich 2010 erwischt. Damals habe ich aus Hamburg heraus das Kitesurfen für mich entdeckt und schnell gemerkt: Wer sich diesem Hobby leidenschaftlich hingeben möchte, der kommt um ein mobiles Zuhause nicht herum. Mit meinem blauen T4 »Bo« – und mittlerweile auch mit unserem Familien-Camper – steuere ich seither viele, vor allem küstennahe Spots in Europa an. Portugal hat es mir dabei besonders angetan – aber auch die Ostseeinsel Fehmarn. Von hier aus starte ich nun meine privaten, aber auch beruflichen Abenteuer als Autorin und Filmemacherin. Hier hat auch vor Kurzem mein Podcast »Moin Fehmarn!« das Licht der Welt erblickt. Darin spreche ich mit Fehmarn-Fans über das Leben auf der Insel und die Liebe zum Meer.

REGISTER

POLYGLOTT

POLYGLOTT ist eine eingetragene Marke der GRÄFE UND UNZER VERLAG GmbH

ISBN 978-3-8464-0862-9

1. Auflage 2021

Autoren: s. S. 200–204
Redaktion und Projektmanagement: Caro Kania, Anne-Katrin Scheiter
Lektorat: Britta Dieterle, Heide-Ilka Weber
Satz: uteweber-grafikdesign
Bildredaktion: Petra Ender, Nora Goth, Dr. Nafsika Mylona
Umschlaggestaltung und Layout: Favoritbuero Gbr, Bettina Arlt
Herstellung: Gloria Schlayer
Repro: Repro Ludwig, Zell am See
Druck und Bindung: Livonia Print, Lettland

Wichtiger Hinweis
Die Daten und Fakten für dieses Werk wurden mit äußerster Sorgfalt recherchiert und geprüft. Wir weisen jedoch darauf hin, dass diese Angaben häufig Veränderungen unterworfen sind und inhaltliche Fehler oder Auslassungen nicht völlig auszuschließen sind, zumal zum Zeitpunkt der Drucklegung die Auswirkungen von Covid-19 auf das Hotel- und Gastgewerbe vor Ort noch nicht vollständig abzusehen waren. Für eventuelle Fehler oder Auslassungen können Gräfe und Unzer GmbH sowie deren Mitarbeiter und die Autoren keinerlei Verpflichtung und Haftung übernehmen. Aus Gründen der besseren Lesbarkeit wird in diesem Buch bei Personenbezeichnungen das generische Maskulinum verwendet. Es gilt gleichermaßen für alle Geschlechter.

Ansprechpartner für den Anzeigenverkauf:
KV Kommunalverlag GmbH & Co. KG,
MediaCenter München,
Tel. 089/928 09 60

Bei Interesse an maßgeschneiderten B2B-Produkten:
roswitha.riedel@graefe-und-unzer.de

Leserservice
GRÄFE UND UNZER Verlag
Grillparzerstraße 12
81675 München
www.graefe-und-unzer.de

Umwelthinweis
Dieses Buch ist auf PEFC-zertifiziertem Papier aus nachhaltiger Waldwirtschaft gedruckt.

GRÄFE UND UNZER
Ein Unternehmen der
GANSKE VERLAGSGRUPPE

Bildnachweis

Coverfoto © Shutterstock.com, Umschlagrückseite links © Shutterstock.com: Dven, Dmitry
rechts © Getty Images: Westend61

ahoihochzwei.de: Börgerding, Iris 204-3; Alamy Stock Photo: Doering, Olaf 70-3; ausgevandert.de: Andy & Nicki 201-1; AWL Images: Rellini, Maurizio 186; DasLupon: Mess, Ann-Katrin & Seemayer, Manuel 204-1; Die Roadies: Juli & Mike 202-3; dpa picture alliance: Gambarini, Federico 140-1; dpa picture alliance: Ossinger, Horst 148-3; endless footsteps: Daniela & Patrick 204-2; Getty Images: Nachtmann, Harald 42-43; Getty Images: 500px Plus 82; Getty Images: Westend61 6; HUBER IMAGES: Brunner, Martin 92; HUBER IMAGES: Busse, Jürgen 156; HUBER IMAGES: Croppi, Gabriele 174-2; HUBER IMAGES: Gräfenhain, Günter 138; HUBER IMAGES: Schmid, Reinhard 15, 88, 139, 172; imageBROKER: Schöfmann, Karl F. 78-3; imago images: Blossey, Hans 159; imago/imageBROKER: Dieterich, Werner 104; imago: Hartenfelser 56-1; imago: Hettrich, Arnulf 116; Jalag: Bassler, Markus 173; Kanupark Markkleeberg: Anton, Franz 73; katetravels.de: Schmidtke, Katharina 2, 8-9, 17, 201-2, Klappe vorne oben; Keidel Therme 130-1; Klunkerkranich: Nelken, Julian 52-2; Kühl, Kersten & Schlundt, Anna 203-1, Klappe vorne unten; laif: Denger, Dietmar 100; laif: Haenel, Gerald 140-2; laif: Kirchner, Martin 160; laif: Multhaupt, Suse 25; laif: Rois, Evelyn & Stubenrauch, Bruno 10; laif: Schwelle, Dagmar 174-1, 197; laif: Tjaden, Oliver 142; mauritius images: imageBROKER/Lubenow, Sabine 164; mauritius images: Otto, Werner 152; mauritius images: Preusser, Volker 32; Müller, Heike 203-3; Outdoornomaden: Bley, Michael & Hacker, Miriam 203-4; picture alliance/dpa 98-2, 130-2; picture alliance/dpa: Karmann, Daniel 99; plainpicture132-133; plainpicture: AWL/Bottigelli, Marco 36; plainpicture: Gerull, Jérome 16; plainpicture: Grimm, Thomas 19; plainpicture: Hagolani, Sven 44; Road of Life: Schüller, Karin & Sascha 203-2; seasons.agency/Jalag: Hirth, Peter 66, 72; seasons.agency: Jalag/Bossemeyer, Klaus 161; Shutterstock.com: Allik 122; Shutterstock.com: Alven, Tommy 199; Shutterstock.com: Batalin, Svetlana 49; Shutterstock.com: Dmitry Eagle Orlov 105; Shutterstock.com: Doerschem, Frederick 26-3; Shutterstock.com: Dziurek 64-3; Shutterstock.com: Firn 113; Shutterstock.com: FooTToo 129; Shutterstock.com: Frank Fell Media 87; Shutterstock.com: frantic00 98-1; Shutterstock.com: Garmyder, Pani 50; Shutterstock.com: GRACIELLADEMONNE 48; Shutterstock.com: Grueneberg, Bianca 34-2; Shutterstock.com: ilolab 121; Shutterstock.com: JJFarq 52-1; Shutterstock.com: Kadagan 134; Shutterstock.com: Kaehler, Christian 40-2; Shutterstock.com: Kharitonova, Nadezhda 3, 182-183; Shutterstock.com: Lambert, Frank 91; Shutterstock.com: lindasky76 70-2; Shutterstock.com: L-N 181; Shutterstock.com: Meissner, Bernd 40-1; Shutterstock.com: Mr Doomits 190; Shutterstock.com: Oxa 108;Shutterstock.com: picture.factory 64-2; Shutterstock.com: Prott, Andreas 80-81; Shutterstock.com: Rehak, Matyas 52-3; Shutterstock.com: Romas-Photo 148-1; Shutterstock.com: Samot 194; Shutterstock.com: Sanga Park 115; Shutterstock.com: SehrguteFotos 56-2; Shutterstock.com: Simon Dux Media 124; Shutterstock.com: Sina Ettmer Photography 70-1; Shutterstock.com: streetflash 86; Shutterstock.com: Takashi Images 78-2; Shutterstock.com: tichr 120-1; Shutterstock.com: TinavonWo 64-1; Shutterstock.com: trabantos 89, 97, 148-2, 198, Shutterstock.com: travelview 175; Shutterstock.com: Venema, Marc 26-1; Shutterstock.com: vetasster 189; Shutterstock.com: Wedel, Andreas 96; Shutterstock.com: Wehnert, Jan 168; Shutterstock.com: Wirestock Creators 18-2; Skybeach Stuttgart 120-2; Stiftung Zollverein: Tack, Jochen 157; stock.adobe.com: ah-fotobox 74; stock.adobe.com: Drits, Roman 18-1; stock.adobe.com: dxz42 149; stock.adobe.com: EKH-Pictures 28; stock.adobe.com: EVERST 195; stock.adobe.com: eyetronic 112, stock.adobe.com: eyetronic 114; stock.adobe.com: fotogestoeber 51-1; stock.adobe.com: Gerhard, Franz 106-2, stock.adobe.com: Gerhard, Franz 107; stock.adobe.com: Josh 166-2; stock.adobe.com: k-rahn 26-2; stock.adobe.com: Kallies, Mona 33; stock.adobe.com: Kelin, Sergey 51-2; stock.adobe.com: lotharnahler 166-1; stock.adobe.com: mstein 34-1; stock.adobe.com: oxie99 106-1; stock.adobe.com: Peera34-3; stock.adobe.com: Peeradontax 146; stock.adobe.com: Retkowietz, Marcus 150; stock.adobe.com: snapshotfreddy 24; stock.adobe.com: Srot, Branko 176; stock.adobe.com: susanne2688 191; stock.adobe.com: Trillhaase, Micha 78-1; stock.adobe.com: Weil, Mathias 180; Travelcaddy: Schmidt-Rüdt, Juri & Uli 7, 65, 200-2, Klappe vorne Mitte; Unsplash: Alam, Ashraful 63; Unsplash: Anikin, Dimitry 90-1; Unsplash: Hedin, Karl JK 20; Unsplash: Jung, Denis 58; Unsplash: Malde, Arvid 193; Unsplash: MAO YUQING 185; Unsplash: reinhart, julian 162; Unsplash: Reyem, Chris 54; Unsplash: Ribeiro, Gil 147; Unsplash: shewif, haidar 154; Unsplash: Trindale, Daniela 4; Unsplash: Troschker, Wolfgang: 90-2; vantastic_olli: Chiara & Kevin 200-3; weareherweare.now: Weichand, Stefan & Josefine 200-1.